AF401488

ABBREGE'
DE
GRAMMAIRE
ET SYNTAXE
ITALIENNE,

Contenant vne Methode racourcie
pour ceux qui defirent auoir
promptement la connoiſſance de
cette Langue.

Par *LAVRENT FERETTI*
Italien, Maiſtre & Interprete
des Langues.

✤

A PARIS,

Chez ANTOINE DE SOMMAVILLE,
au Palais, ſur le deuxiéme Perron,
allant à la Sainte Chapelle, à
l'Eſcu de France.

M. DC. LVI.

Auec Priuilege du Roy.

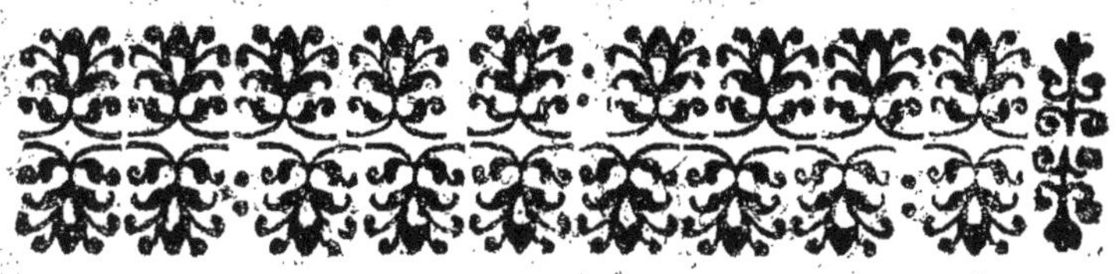

A MADAME

DE LA

VILLEMABONT.

M ADAME,

Le dessein de vous instruire
auiourd'huy, n'est point ce qui
m'oblige à vous presenter cet

ã ij

EPISTRE.

Abregé de la Grammaire. Vous
sçauez si parfaictement toutes
les reigles de la langue Italienne,
qu'il faudroit auoir perdu la raison, pour entreprendre de vous
en donner la connoissance, &
vous offrir des preceptes sur ce
sujet. Ce seroit apporter de l'eau
à la Mer, & adiouster du iour
à l'Astre de la lumiere. Vous
auez vn de ces Genies, MA-
DAME, que Dieu a telle-
ment éclairez, qu'il n'est rien de
si obscur, qu'ils ne penetrent in-
continent ; rien de si haut, où ils
ne s'éleuent auec peu de peine,
& rien de si profond, dont ils

EPISTRE.

ne découurent aussi-tost les my-
steres les plus cachés & les plus
imperceptibles. Toutes les langues
viuantes sont des abismes, où
l'on s'enfonce insensiblement;
mais d'où l'on ne se peut tirer
qu'auec de grands efforts; & cependant, *MADAME*, ie
vous ay veu dans celle-cy passer
les plus difficiles endroits comme
les plus aizés, cueillir les roses,
sans estre arrestée par les épines;
& parmy cent choses nouuelles
ne trouuer aucune nouueauté:
tellement que si nostre Religion
nous permettoit d'adiouster foy à
la metempsychose, ayant veu de

EPISTRE.

quelle sorte vous conceués en vn
moment , ce que les autres sont
des heures entieres à comprendre,
ie me serois laissé persuader, il y
a long-temps , que vostre ame
auroit autrefois animé le corps
d'vne Isabelle Andreini, & que
vostre prompte conception seroit
vne veritable reminiscence. Ceux
qui ont l'honneur de vous voir
quelquesfois, MADAME,
sont dans l'admiration aussi-bien
que moy , & sentent naistre
dans leurs cœurs vne secrette
ioye , causée par la douceur de
vostre discours, autant que par
celle de vostre visage. Ie ne

EPISTRE.

doute point que les *Dames* de la *Cour de Rome*, ou de celle de *Florence*, n'euſſent le meſme eſtonnement, ſi elles ioüiſſoient ſeulement vn quart d'heure de voſtre conuerſation ; mais ie ne doute point auſſi qu'elles n'euſſent vn depit extreme de vous entendre parler leur langue maternelle ſi correctement, & auec tant de mignardiſe, qu'on les prendroit pour des barbares, ſi elles oſoient ouurir la bouche apres vous. Pleuſt à Dieu, *MADAME*, que ie ſçeuſſe auſſi-bien le François que vous ſçauez l'Italien, vous verriez icy mes ſentiments

EPISTRE.

exprimés auec vne autre pureté,
& ie vous dirois auec bien plus de
grace, que ie n'ay pris la liberté
de vous offrir ce petit liure, qu'afin
de vous prier de le mettre à l'om-
bre de voftre nom, vous témoi-
gner l'eftime que ie fais de voftre
vertu, & trouuer enfin l'occafion
de vous affeurer, que fi ie ne fuis
plus voftre Maiftre, ie fuis au
moins,

MADAME,

Voftre tres-humble & tres-
obeïffant feruiteur
L. FERETTI.

De la Prononciation.

A, N'a point d'autre son que celuy du François.

Au, se prononce separément comme *aou* : par exemple, *autorità*, lisez *aoutorita* : *paura*, lisez *paoura* : à la fin des mots, comme *aou* long, *ferrau*, *esau*, lisez *ferraou*, *esaou* :

C, deuant *e*, & *i*, se prononce comme *tche* & *tchi*, auec delicatesse : *cecità*, dites *tchetchità*. Les deux *cc* de mesme : mais lors qu'ils se rencontrent deuant vn autre voyelle, il les faut prononcer separement, comme *ac cadere, ac cadere,* &c.

Ca, co, cu, comme en François *ca, ço, çou*.

A

Che, chi, comme en François, *que, qui,* tout de mesme lors qu'il se rencontre deuant vne autre voyelle, sans faire la mesme syllabe plus longue, comme en *chiamare,* ne dites pas *Ki am a re,* en quatre syllabes, mais n'en faites que trois, *chià mà re,* & ainsi des autres.

E, se prononce quelquefois ouuert comme *ai* François, au mot de maistre & quelquefois fermé comme *l è,* accentué: en voicy les regles les plus generales.

E, marqué d'vn accent ou apostrophe, & celuy qui vient de l'*i* Latin, se prononce fermé *fè* & *fede* de *fides,* lisez *fè* & *fede mercè,* & ainsi des autres, où il ne faut pas ouurir beaucoup les levres.

E, deuant double *cc,* se prononce fermé, *secco, becco, stecco,* exceptés *ecco,* & en quelques personnes du verbe *peccare,* & fort peu d'autres.

E, deuant *gn*, fermé : *diſegno, pegno, ingegno.*&c. excepté en *vegno ie vien,* & quelques autres.

E, en la ſyllabe *men* fermé : *diuinamente, veramente,* où il ne faut pas ouurir la bouche ſi large.

E, deuant *ſ,* ſimple fermé, *impreſa, peſo* &c.

E, deuant *ſc,* fermé, *donneſco, freſco,* &c. exceptez en *peſco,* qui ſe prononce ouuert, vn peſcher, *eſco,* ie ſort.

E, deuant double *ſſ,* fermé *principeſſa, eſſo, ſteſſo, feſſo,* excepté quelques-vns comme *conneſſo, appreſſo, conceſſo,* & deuant les deux *ſſ,* qui vienent de l'*x,* Latin, comme, *Rifleſſo, ſeſſo,* &c. & au verbe *eſſere.*

E, deuant double *tt,* fermé, *netto, ſtretto,* & aux noms diminutifs, *ſcarpetta, libretto,* & au verbe *mettere,* excepté *petto, coſpetto, oggetto, letto,* au contraire.

E, deuant double *zz,* fermé, *bruttez*

za,vaghezza,&c.excepté *pezzo,*&
mezzo.

*E,*deuant *l* simple ouuert,*mele,gabrie-
le,* où il faut ouurir vn peu la bouche,& peser sur l'*e,maisle,gabriaisle.*
i'en excepte *mele,* qui signifie des
pommes,*velo,*& *tela,*qui se prononcent fermé.

E, deuant double *ll,* ouuert, *bello, au-
gello,*&c.excepté *quello,* & *stella,*au
contraire.

E, deuant *st,*couuert, *mesto, gesto, sesto,
agresta,*&c. exceptez-en *questo,* &
tous les temps du verbe *pestare,*

G,&double *gg,*deuant *e,* & *i* se prononcent comme *dg,* mais vn peu
delicatement; *genio,* lisez *dgenio,*
agitare, lisez *adgitare.*

Ga,go,gu, comme *ga,go,gou,* en François.

*Gl,*deuant *i,*suiuy d'vne autre voyelle,
se prononce comme *ll,* au mot de
fille, v.g. maglio, lisez *maillo* &. la

particule ou article *gli*, & les temps
des verbes terminez de mesme, gar-
dent la mesme prononciation, de
maglio, magli, de *tranagliare, traua-*
gli, à l'optatif, & ainsi des autres.

Gn, ne differe point du François.

Gua, gue, gui, comme *gou-a, gou-è,*
gou-i, par exemple, *guanti*, lisez
gouanti, guercio, gouertcho, &c.

H, ne s'aspire point.

I, deuant *a, e, o*, & *u*, se prononce *ya, ye,*
yo, you.

I, entre *c, g, gl, sc*, & les voyelles *a, o*, &
u, ne se prononce point : par exem-
ple *ciò*, lisez *tchò*, delicatement, *già*,
lisez *dià*, *figlio*, lisez *fillo*, *sciagura*,
lisez *chagoura*, &c. exceptez les suiuans. *già*, imparfait du verbe *gire*,
uscia, & *uscio*, du verbe *uscire*, *fugia*,
de *fugire*, *venia* de *venire* & autres,
où il faut obseruer de plus qu'aux
noms ou pareille disposition se rencontre l'on ne prononce point le

dit *i, v. g. oncia,* lifez *ontcha,* & à fon plurier *oncie, onche,* fans dire *ontchie.*

M, deuant *b,* & *p,* fe prononce en ferrant les levres : *am-bire, em-pire* &c.

N, deuant *ce, ci, d, ge, gi, f, t,* & *z,* fe prononce ferrant le bout de la langue contre le palay, & notez qu'il ne faut pas enuoyer le dit *n,* à la gorge comme au mor de *Iean,* mais il le faut prononcer entre la langue & le palay.

Con, un, fon, & *bon,* fuiuy de *m, p,* & *b,* fe prononcent *com, um, fom,* & *bom: com mè* pour *con mè, um poco* pour *vn poco, fom boni,* pour *fon boni, bom boccone,* pour *bon boccone,* & ainfi d'autres.

Les Italiens ont vn *o,* fermé tirant fur *ou,* François, & vn autre ouuert qui ne differe gueres de l'ordinaire, eftudiez les reigles fuiuantes.

O, qui procede de l'*u,* Latin fe prononce fermé par exemple *colpa* de *culpa*, dites presque *coulpa*, &c. on en excepte *lotta*, & *nozze*.

Les terminaiſons *one*, *ore*, *oſo*, auec leurs pluriers ont *o*, fermé. *diſcretione*, *amore*, *peloſo*.

O, deuant *gn*, fermé *biſogno*, *ſogno*, &c.

O, deuant *rn*, fermé: *torno*, *forno*, *giorno*, &c. excepté *ſcorno*, au contraire *morſo*, & au verbe *torcere*.

O, deuant *rt* ouuert: *forte*, *porta*, *morta*, &c. excepté *corte*, & *ſorte*, participe feminin de *ſorgere*.

O, apres *u* voyelle ſe prononce ouuert: *huomo*, *buono*, *figliuolo*.

O, deuant *gli* ouuert: *ſcoglio*, *imbroglio*, *cordoglio*, &c.

O, deuant double *pp* ouuert: *troppo*, *Zoppo*, *ſtroppo*, &c. excepté *poppa* & *coppa*, au contraire.

Qua, *que*, *qui*, ſe prononcent comme *cou-a*, *cou-e*, *cou-y*, & notez que *cui*, il faut prononcer plus long, *coui*.

A iiij

S, entre deux voyelles se prononce doux : excepté en *cosa*, & *rosa*, adiectif feminin du verbe *rodere* & notes que *rosa* prononcé ouuert signifie vne *roze*, & prononcé fermé signifie rongée.

Sc, deuant *e* & *i*, se prononce comme *ch* en François, *u. g. scemare*, lisez *chemare*, *scimia* lisez *chimia*.

Tia, tie, tio, comme *tsia, tsie, tsio*, & tous ceux qui vienent de *cia, cie, cio*, Latin, comme, *spetiale, astutie, offitio*, excepté quelque peu de mots où le *t*, se rencontre dur comme en *malatia, stantia, natio*, de mesmes en quelques temps de verbes qui ont le *t*, dur à l'infinitif : par exemple : *portiamo*, de *portare*, *visitiamo* de *visitare*, *tiene*, de *tenere*, les modernes mettent vn *z*, au lieu de ce *t*, mol.

Le *t*, se trouue tousiours dur apres *s*, *ambastia, questione*.

V, consonne comme le François.

V, voyelle comme *ou,* François, mais
lors qu'il se rencontre deuant *o,* au
milieu des dictions il le faut prononcer fort delicatement, comme
en *huomo,* lisez presque *homo,* &c. de
mesme entre *i* & *o, figliuolo,* lisez
presque *figliolo,* où il ne faut pas
lire *figli-uolo,* &c.

Les deux *uu,* au commencement des
mots qui commencent par *a,* se prononcent comme simple, la raison est
que cet *u* est à la place d'vn *d,* radi-
cal : *u g, auuisare, auuedere, auuerti-
tire,* & lisez *auedere, auisare* &c.

X, ne se prononce point en la langue
Italienne, si ce n'est en quelques
noms estrangers.

Y, n'est point en vsage.

Z, & double *zz,* se prononcent ordinairement comme *ts, presenza,* dites
presentsa, zampogna, dites *tsampogna*
excepté *orzo, rozo, verzura, gonzaga.*
& le *z,* simple qui se trouue entre
deux voyelles qu'il les faut pro-

A v

noncer comme *dz* , *mezo* lisez *medzo*, quoy que improprement on l'escrit auec double *zz*.

Ie vous dis en passant que l'vsage seruira beaucoup pour ce qui est de le prononcer doux au commencement des mots, comme *zaccaria*, lisez *dzaccaria*, *zaccare*, lisez *tsaccare*, où il n'y a point de regle generale.

Les Italiens changent *bt*, *ct*, *pt* en deux *tt*, comme *ottenere*, d obtinere , *retto*, de *rectum*, *atto* de *aptus*.

Le *bu*, en deux *uu*, comme *ouuiare* d'obuier, *souuenire* de *subuenir*.

Gm, en deux *mm* , *dramma* de *dragme*, *enimma*, d'*enigma*.

En *bst*, on y retranche le *b* comme *abstinence* , *astinenza* , d'*obstacle*, *ostacolo*.

Bd, en deux *dd*, *suddito*, *cariddi*.

Bs, en deux *ss*, *assentia*, d'*absence*, *assoluere*, &c.

Dm , en deux *mm* , *ammettere* , de

admettre, *ammirare* d'admirer, &c.

L Latin apres vn *p*, se change en *i*, *pie-no*, de *plenum*, de mesme que le François en quelques mots, *piatto*, de *plat*, *piombo*, de *plomb*; *pleuuoir*, *piouere*.

L'*x*, en double *ſſ*, où il faut noter que là où l'*x*, se rencontrera doux en la prononciation Françoise, les deux *ſſ*, en Italien le seront aussi: *u.g.* de *exemple*, *eſſempio*, lisez pres-que *ezempio*, *exil*, *eſſilio*, dites pres-que *eℨilio*, & si vous le prononcez rude en François, l'Italien le pro-noncera de mesme comme *Alexan-dre*, *Aleſſandro*, prononcez les deux *ſſ*, fermes.

Xc, en deux *cc*, *eccellente*, d'*excellent*, *ecci-tare*, d'exciter.

Xt, en *ſt*, *eſtraordinario*, d'*extraordi-naire.*

De l'Apostrophe en general.

L'On se sert de l'Apostrophe aux articles mis deuant les voyelles; comme *l'angelo*, *l'anima*, & ainsi aux pluriers, *gl'anni*, *gl'amori*. &c. l'on retranche aussi la premiere lettre du mot, la recompensant par vn apostrophe, comme *lo'nganno*, pour *lo inganno*, ou plutost *l'inganno*.

Aux noms possessifs *m'è* pour *mi è*, *t'ha* pour *ti ha*, *v'ha* pour *vi ha*, *l'ha* pour *lo ha* &c.

A la premiere personne des pronoms personnels, *i'vado*, *i'porto*, pour *io vado*, *io porto*.

On retranche aussi en *quando*, & *quanto*, deuant vne voyelle, *quand' è venuto*, *quant' è stato*.

On retranche aussi *buono*, & *vno*, soit deuant vne voyelle, soit deuant vne

confonne, comme *buon occhio*, *vn*
pezzo.

Quello & *bello*, de mefme *quell'anno,*
bell'huomo, & fi c'eft deuant vne
confonne on n'y met qu'vn *l bel*
palazzo, *quel gentilhuomo* &c.

Grande & *fanto*, fe retranche ainfi:
lors qu'ils font mis deuant vne
voyelle ils fouffrent l'apoftrophe,
grand' huomo, *fant' Antonio,* s'ils fe
trouuent deuant vne confonne fe
retranchent encore *gran foggetto,*
fan Benedetto, & eftant pofterieurs
ou à la fin de quelque periode s'é-
criuent entiers, fi ce n'eft *il fuo fanto*
nome.

Quefti, quelli & *belli* fe retranche ainfi
quèlque-fois. *quefti fignori, fti fignori,*
quelli, quei, ou *qué, belli bei* ou *bé* &
on treuue auffi *mé* pour *meglio:*

Con, fuiuy d'vn article mafculin fin-
gulier s'écrit *col.* ou *collo ,* au feminin *colla,* au pl urier *coi* ou *colle,*
ou *cò.*

On écrit auſſi *sù* pour *ſuo*, *tù* pour *tuo*, *tù fratello*, *viene*, *sù padre è morto*. & ainſi aux feminins.

Che, reçoit auſſi l'apoſtrophe deuant vne voyelle: *ch' io* pour *che io* s'il ſe rencontre deuant vn mot qui commence par *h* on écrit ſeulement *c̓ hauete* pour *che hauete*.

Il y a des compoſitions d'articles & de prepoſitions abregées comme *pel* pour *per il*, *nè* pour *in li* ou *ne i*, *dè*, *à*, *dá*, pour *delli*, *alli*, *dalli*, *è* pour *egli*, & *eglino*. & quelque-fois pour *i* article plurier maſculin.

On met auſſi *mel*, pour *melo*, *tel* pour *telo*, *ſel*, pour *ſelo*, *cel* pour *celo*, *vel*, pour *velo*, *men* pour *mene*, *ten* pour *tene*, *ſuò* pour *ſuoi*, *tuò*, pour *tuoi*, *può*, pour *puoi*, *sè* pour *ſei*, *vè* pour *vedi*, & d'autres.

L'on retranche auſſi quantité de mots, & meſme les infinitifs des verbes.

comme *andar aſpaſſo, pigliar mogle,*
vſcir di caſa , &c.
Aux imparfaicts de l'indicatif *hauean,*
pour *haueano amauan,* pour *ama-*
uano.

De l'Article Definy.

LEs Italiens ont deux articles maſ-
culins & vn feminin.

ARTICLE MASCVLIN.

Singulier.

Il ——————— le.
del ——————— du
al ——————— au
dal ——————— du, ou par le.

Plurier.

i, ou li ——————— les

dei, delli —————— des
ai, alli —————— aux
dai, dalli —————— des ou par les.

Cet article plurier *i* eſt plus en vſage
que *li* & on ne s'en ſert que pour
euiter le mauuais ſon, comme *tutti i
inconuenienti* vous trouueriez cet
arengement trop rude, c'eſt pourquoy eſcriuez *tutti li inconuenienti.*

Il faut auſſi ſçauoir que cet article
maſculin ſe conſtruit deuant les
mots qui commencent par vne ou
deux conſonnes, pourueu que la
premiere des deux conſonnes ne
ſoit pas vne *ſ, u. g. il padre, il libro,
il ſignore, il prato.* & le plurier, *i
padri, i libri, i ſignori, i prati.*
Mais ſi le nom commence par *ſ,* ſuiuy
d'vne autre côſonne, ſon article ſera
le u.g lo ſcolaro, lo ſmalto, lo ſcherzo.
&c. & ainſi les autres cas feront de
meſme.

Singulier.

lo *ſcolaro* —— l'eſcolier
dello ſcolaro——de l'eſcolier
allo ſcolaro——à l'eſcolier
dallo ſcolaro——de l'eſcolier ou par
l'eſcolier.

Plurier.

i, ou *gli ſcolari*——les eſcoliers
dei, ou *degli ſcolari*—des eſcoliers.
ai, ou *agli ſcolari*——aux eſcoliers
dai, ou *dagli ſcolari*—des, ou par les
eſcoliers.
Cet article ſouffre l'apoſtrophe, lors
qu'il eſt mis deuant les voyelles,
comme il a eſté dit, *l'angelo*, *l'inge-*
gno, &c.
Il ſe met *lo,* le plus ſouuent apres la
prepoſition *per*; *per lo paſſato,*

ARTICLE FEMININ.

Singulier.

la ————	la
della ———	de la
alla ————	à la
dalla ———	de la ou par la.

Plurier.

le ————	les
delle ———	des
alle ————	aux
dalle ———	des ou par les.

Cet article auſſi ſouffre l'apoſtrophe deuant vne voyelle *l'anima* &c.

Il y a des articles qui ſont apres la prepoſition *in* laquelle eſt en quelque façon renuerſée, c'eſt à dire que lors que ladite prepoſition *in* a immediatement quelque article, la faut prononcer ainſi, *nel giardino, nello stomaco, nella casa,* & ainsi au plurier: *negli alberi, nei petti, nelle strade,* pour dire *dans le iardin, dans l'estomac, dans la maison,*&c.

L'article *il,* & *la,* se met quelques-fois pour le pronom possessif, *il padre gli è morto,* son pere est mort, *strinsi il bambino al seno,* i'aprochay l'enfant a mon sein, *la sorella è venuta,* sa sœur est venuë.

L'on trouue aussi *il,* & *lo,* deuant quelques infinitifs, *il far della luna, lo specchiarsi,* & ainsi suiuant tous les cas, comme aux articles, & mesme auec les prepositions *nello stare,* &c.

Le feminin *la* exprime vne certaine demonstration de substance. *u. g. la mi va,* il m'importe, *cela m'agrée, la mi è passata bene,* l'affaire m'a bien reussi : *la mi quadra,* la chose me plaist.

De l'Article Indefiny.

L'Article indefiny eſt celuy qu'on met deuant les noms propres, comme ſi vous vouliez dire, *ce liure eſt de velin, queſto libro è di carta peco-ra*: remarquez que ce *di* eſt l'article indefiny & vous ne diriez pas *du*; car en ce cas il faudroit dire *del* & de meſme, *ie vay à Paris, io vado à Parigi*, vous ne dites pas *au Paris*, & en ce cas il faudroit dire *al Parigi*; mais l'on dit bien *à la ville de Paris*.

Ainſi ſi vous vouliez dire *le cordon du chapeau*, il faudroit dire, *il cordon del capello*, & indefiny, *vn cordon de chapeau, vn cordon di cappello*.

Il y a des phraſes où l'article definy genitif, eſt mis au lieu de l'accuſa-tif: par exemple, *bo del vino, ho del pane, i'ay du vin, i'ay du pain*; mais il est bien plus elegant en Italien de ne se point seruir de cet article & de dire simplement, *ho pane, ho vino.*

La difference de l'article desiny & indesiny se peut comprendre par vn seul point : que le desiny represente vne chose restreinte, & l'indesiny la laisse en son estenduë, & ceux qui entendront bien l'application des articles François, sortiront encore plus facilement des Italiens, quoy que mesme en Italien si vous demandez, *qu'auez vous à déjuner?* on vous respondra auec l'article desiny, *hò delli arbicocchi, delle pruna*, & pour reigle generale on peut obseruer que deuant le nom adiect, f l'on met tousjours l'article inde finy & deuant le substantif le desiny.

Du Nom.

LEs noms se declinent par le moyen de l'article.

Les pluriers se forment ainsi. Les masculins terminez en *e*, & en *o*, ont *i* au plurier : par exemple, *caualliere*, au plurier *cauallieri* : *giardino*, *giardini*, & ce qui termine en *co*, le plurier fera en *chi* : *franco franchi* excepté *amico amici*, & son contraire *porco, porci*.

Les feminins terminent en *a*, & en *e*, ceux qui ont *a*, au singulier, le changent en *e* au plurier, comme *tauola, tauole*, & ceux qui ont *e*, au singulier le changent en *i*, au plurier, comme *fune, funi, margine, margini*, & notez qu'il n'y a qu'vn feminin qui termine en *o*, qui est *mano*, au plurier, *mani*, & ce qui termine en *ca* le plu-

rier terminera en che : *amica,*
amiche.

Les noms masculins qui terminent en
a, sont *Papa, poeta, pianeta,* & fort
peu d'autres : au plurier, *Papi, Poeti,*
pianeti.

Il y a quelques noms masculins qui
ont deux pluriers , comme *membro,*
au plurier *membri,* & *membra, brac-*
cio, braccia, fuso, fusa, & ainsi *qua-*
drella, castella, poma, voua, grida, &
beaucoup d'autres dont leurs pluriers reçoiuent l'article feminin, &
ainsi *paro,* fait, *paia.*

Les noms du commun genre sont terminez en *i,* comme, *violente, eccellen-*
te, fait en *i,* au plurier, *violenti, eccel-*
lenti, ie dis du commun genre, parce
qu'il fait en *te* aussi-bien au masculin qu'au feminin.

Il y a vn feminin qui termine en *a*
au singulier & qui a deux pluriers :
ala, ale, & *ali.*

Les substantifs qui ont vn accent à la

fin, ne changent point en leurs pluriers : *la verità, le verità, la cittá, le
cittá,* l'on peut auſſi eſcrire, *bonta-
de, virtude* au lieu de *bontà,* &
virtù.

Huomo, fait au plurier *huomini.*

Voicy ce qu'à peu pres on peut dire
du genre, & le reſte ſe peut iuger
par le Latin, comme *colore, fiore, fa-
uore, terrore, honore, amore, ſudore,* &
ſemblables terminaiſons ſont du
genre maſculin.

Les noms numeraux & ordinaux ſont
indeclinables, il n'y a que les deux
premiers qui ſe declinent & qui
reçoiuent le genre & le nombre,
comme *vno, vni, vna, vne, duo, due,
dua,* ces quatre dernieres ſe retranchent deuant vn gros nombre *du
cento,* pour *dui cento, du mila,* pour
duo mila, &c. quelque-fois *vno* auec
vn autre nombre a la force d'enuiron *d'vn venti anni,* d'enuiron vingt
ans.

Les

Les numeraux apres *vna* mis auec l'article sans adiouster le mot *hore,* expriment le nombre des heures: *alle due, alle tre, alle quatro*, pour dire *à deux heures, à trois heures, à quatre heures* : les ordinaux se declinent comme en François, *primo, secondo, prima, seconda.*

C'est aussi vne reigle assez generale, que les nõs qui se declinent en Italien comme en Latin, prenant l'ablatif Latin, l'on trouue le nominatif Italien, *oratione, carbone, amore, amante,* & vne infinité d'autres.

Les adiectifs, *amabile, amoreuole, conueneuole, costante, vigilante, fedele,* & d'autres sont du commun genre.

Pour ce qui est de la disposition des substantifs auec les adiectifs, elle est assez facile, & suit presque la Françoise. L'vsage apprendra l'indiference en plusieurs rencontres, *segni euidenti, euidenti segni,* cela se dit indiferemment, mais en *bot-*

*toni d'argento falso,*on ne diroit pas
bottoni di falso argento,&c.
Les degrez de comparaison se posent
ainsi.
*Grande,maggiore,*ou *più grande , gran-
dissimo,bello più bello bellissimo,*&c.
Les diminutifs ont ces terminaisons,
de *libro,libretto, librettino, cassa, cas-
setta,cassettina, casa, casetta, casetti-
na,*ou *casellina,* ou *casuccia ,* & i'ay
ouy plusieurs fois en Italie qu'on
disoit *io ho vn bel casino in villa:
huomo,huometto, huomicciuolo, huo-
micino, donna, donnetta , donnuccia,
donnicciuola:vecchio, vecchietto, vec-
chiarello,*les noms qui terminent en
*one,*son deminutif sera en *cino , bottone, bottoncino , cordone , cordoncino,
sperone,speroncino* &c.
Les augmentatifs ont ces terminaisons,*one,* & *accio,* la premiere aug-
mente simplement & la secon-
de en mesprisant , *libro , libro-
ne,libraccio,cappello,cappellone, cap-

pellaccio, & les noms qui ont def-ja
la terminaiſon en *one,* ne ſouffrent
pas cette augmentation , *bottone,* on
ne diroit pas *bottonone,* mais il faudroit plutoſt ſe ſeruir du ſecond,
bottonaccio, pour dire *des gros vilains
bouttons, porto, porticello , horto horti-
cello.*

Du Pronom perſonel.

*Premiere perſonne au ſingulier
commun.*

I $\left\{\begin{array}{l}\end{array}\right.$

O, ——————— ie, & moy.
di me, ——————— de moy
a me, $\left\{\begin{array}{l}mi\\mi\end{array}\right.$ ——— a moy $\left\{\begin{array}{l}me.\\me.\end{array}\right.$
me , ——————— moy,
da me, ——————— de moy , ou par moy.

Le Plurier.

Noi, ——————————— nous.

di noi, ——————————— de nous.
a noi, { *ci, ne* —————— à nous; (nous.
noi, { *ci,* ————— —— nous,
da noi ————— - de nous, ou par nous.

Seconde personne, Singulier commun.

Tu, ————————— tu, & toy.
di te ——————— de toy.
a te, { *ti,* ————— à toy { te.
te, { *ti,* ————— toy { te.
da te ——————— de toy, ou par toy.

Plurier.

Voi, ——————— vous.
di voi. ————— — de vous.
a voi, { *vi,* ——— à vous, (vous.
voi, { *vi,* ——— vous,
da voi ——————— de vous, ou par vous.

L'Accufatif de ce Pronom de la premiere & feconde perfonne du fingu-
lier & celuy du reciproque, fe met im-

mediatement deuant *con : meco , teco,
feco,*abregeant l'*n.*

Troisiefme perfonne , Singulier masculin.

Egli, lui,——il, & luy.
di lui,———de luy,
à lui, ⸢*gli, li-*à luy, ⸢luy.
lui, ⸤*lo,*——luy, ⸤le.
da lui————de luy,ou par luy.

Plurier.

Eglino, loro,——eux.
di loro,————d'eux.
a loro, ⸢*loro , gli,*-à eux, ⸢leur.
loro , ⸤*gli,*————eux, ⸤les.
da loro,—————d'eux,ou par eux.

Troisiefme perfonne, Singulier feminin.

Ella, lei,———elle.
di lei,————d'elle.

B iij

a lei { *le, gli,* — à elle. { luy.
lei, { *la,* — — elle. { la.
da lei — — — — d'elle, ou par elle.

Plurier.

Elleno , loro, — elles.
di loro , — — — — d'elles
a loro, { *loro, le, gli,* - a elles, { leur.
loro , { *le,* — — — — - elles, { les.
da loro, — — — — d'elles, ou par elles.

Les Pronoms reciproques.

Se, — — ſoy.
di ſe , — de ſoy.
a ſe, { *ſi* — à ſoy, { ſe.
ſe, { *ſi,* — ſoy, { ſe.
da ſe — — de ſoy, ou par ſoy.

Les premiers de ces Pronoms s'appel-
lent abſolus , parce que l'on s'en
ſert abſolument, ſans aucune autre
conſtruction : *v. g.* ſi l'on demande

chi vuol venire, on refpond abfolu-
ment *io*, *luy*, &c. les autres qui font
au milieu apres la parenthefe, fe
nomment conionctifs , dautant
qu'ils fe conioignent en conftru-
ction: par exemple *l'on m'a veu*, vous
direz, *mi hanno vifto, ti hanno vifto,
lo hanno vifto*, ainfi *il m'a efté dit,
mi è ftato detto, ti è ftato detto gli*, ou
li è ftato detto, & ainfi des autres.

On ne fe fert gueres des nominatifs
perfonnels *io, tu, egli*, parce que le
verbe les porte auec foy, fi ce n'eft
qu'il fe rencontre quelque expref-
fion neceffaire, ou en commençant
quelque periode.

Les conionctifs eftant attachez deuant vn autre particule, changent
leur *i* en *e*: *darmi, me donner* & auec
vn autre particule, *me le donner, dar
melo*. au lieu de *dar milo*, & ainfi
telo, velo, cene, & *vi* & *ci* aduerbes du
lieu qui fignifient *y*, fuiuent la mef-

B　iiij

me reigle, *y en a t'il? ve n'è s? ou
ce n'è s?*

Le conionctif *gli* reçoit vn *e* de plus:
*gli dò , ie luy donne , glie lo dò , ie le
luy donne ,* il se met necessaire-
ment en composition au lieu du
feminin *le* : *darglielo , darglie ne*
& l'on ne met pas *darlelo , darlene.*
pour l'ordinaire , & se trouue fort
rarement , l'on s'en sert aussi quelquefois autrement , comme *guar-
dalli,* pour *guardargli , dalli,* pour
dagli, &c.

Mais si ces conionctifs se construisent
ensemble , ils ne changent qu'au
datif:par exemple, *voglio mostrarte-
gli,ie veux te le monstrer,* & *mostrar-
gliti,* qui signifie *te monstre r à eux,*
ou *à luy:*ainsi *darmegli,me le donner,*
& *darglimi, me donner à eux ,* ou *à
luy :* & notez que quelques-vns ne
peuuent iamais preceder les autres:
car on ne dit pas *darlogli,* ny *farlote;*
mais il faut dire *darglielo , fartelo,*

&c. le reste s'apprendra par l'v-
sage.

Les Pronoms relatifs & autres mo-
nosyllabes, particules, subiuncti-
ues, qui sont *si*, *ne*, *vi*, *ci*, & ainsi *lo*,
li, *la*, *le*, *gli*, s'attachent à la fin de
quelques temps des verbes, & ne-
cessairement apres l'infinitif & le
gerondif : *andarsene*, *dirtelo man-*
dandaglielovbidendoui, &c.

Aussi apres les verbes qui ont vn accent à la derniere voyelle, en redoublant la lettre de la mesme particu-
le : *vacci*, *vocci*, *amollo*, *fallo*, *amerotti*,
& principalement à l'imperatif.

Quelquefois l'on retranche quelque
lettre du temps du verbe, comme
nello, pour *nedilo*, *felli*, pour *li fece*,
ou *gli fece tiello*, pour *tienilo*, *nedran-*
lo pour *lo nedranno*, &c.

En voicy de bien remarquables, *an-*
dianne pour *andiamocene*, *vanne*,
pour *vattene*, *baccianne*, pour *bacia-*

moci, *mandiangli*, pour *mandia-mogli.*

On les trouue souuent auec des ver-bes qui ont apparence de reflechis, & toutesfois ils n'alterent aucune-ment le sens : par exemple *non so doue mi sia*, ie ne sçay où ie suis, *non sò che dirmi*, ie ne sçay que dire: *non sa quelche si faccia*, il ne sçait ce qu'il fait : *crediti pure*, crois seule-ment.

Pronoms Relatifs.

Il, lo, li, gli, & les pronoms personnels conionctifs seruent au lieu de re-latifs.

Che, est relatif de tous genres & nombres, & vaut autant que, que, & qui, lequel & laquelle: il est aussi in-terrogatif, & vaut quoy? il se met quelquesfois pour la conionction *perche*, parce que, & en redoublant, comme le François *che che* , quoy que.

Chi est aussi interrogatif, & il ne se rapporte qu'aux personnes comme *qui?* François.

Il a aussi force de demonstratif, comme : *chi desidera* , celuy qui desire, côme s'il disoit quiconque, en chef *chiunque*, vaut quiconque.

Cui, pronom, se met en tous les cas, comme *il cui amore* , l'amour duquel, *della cui virtu'* la vertu de laquelle ou dont la vertu, *a cui*, à qui, *da cui*, de qui, & alors il a force de demonstratif, & aussi auec les prepositions *nel cui petto* , dans le sein duquel, & sans article *in cui*. &c.

Quale, relatif du genre commun , se decline par le moyen de l'article qui fait discerner son genre & son nombre, son plurier est terminé en *i*. *il quale*, *i quali* : *la quale* , *le quali*.

Ne , se rapporte au relatif François
B vj

en, & se met apres les infinitifs
comme les autres relatifs , comme a
esté dit.

Des Pronoms demonstratifs.

Egli, se met quelquefois pour demon
stratif, *egli è ben fatto* , c'est bien
fait.

Colui, vaut celuy : *colei,* elle : *coloro,* ceux
& celles , & notez que *colui* se rap-
portét seulement aux personnes, &
ne se construit point auec vn substantif ; car on ne dira pas *colui bello,*
pour *quel bello,* ny *colei donna.*

Quello, celuy-là : *quella,* celle là : *quelli,*
ceux là : *quelle* , celles-là , & cet
autre icy se rapporte aux personnes
& autres choses , & ne s'employe
iamais que pour vne chose éloignée, comme *quel libro,* ce liure là,
quella lettera, cette lettre là, &c. &
notez que *quello,* au genre neutre se
rapporte au pronom *ce* François &

principalement deuant le relatif
che : quello, che ti diſſi hieri, ce que ie
te dis hier, ou *quel che ti diſſi.*

Quelli, quegli, & *quei,* ſe mettent quelquefois au ſingulier, & ſe rapporte
à *colui,* qui s'entend ſeulement des
perſonnes.

Queſto, ceſtuy cy : *queſta,* ceſte cy,
queſti, ceux cy , *queſte,* celles cy , &
notez auſſi que ce pronom exprime
vne choſe preſente, & iamais vne
éloignée : il ſe rapporte aux perſonnes , & autres choſes generale-
ment.

Queſti, au lieu de *queſto,* & ſe rapporte
aux perſonnes comme *quelle.*

Coteſto, vaut, cecy , & ceſtuy-cy : *co-
teſtui,* ceſtuy-cy , pour les perſonnes , & auſſi pour les choſes éloi-
gnées.

Coſtui, ceſtuy-cy : *coſtei* cette-cy : *coſtoro,*
ceux-cy , & celles-cy : il s'entend
ſeulement des perſonnes.

Ciò, vaut ce, & cela.

Pronoms poſſeſſifs.

Mio, mon, & mien: *mia* ma, & miennè:
  miei, mes *mie*, miennes.
Tuo, ton & tien, *tua*, ta, & tienne, *tuoi*,
  tes & tiens, *tue*, tes, & tiennes.
Suo, ſon & ſien, *ſua*, ſa, & ſiennè, *ſuoi*,
  ſes & ſiens, *ſue*, ſes & ſiennes.
Noſtro, noſtre, *noſtra*, noſtre, *noſtri*, nos
  & noſtres. *noſtre*, nos & noſtres.
Voſtro, voſtre, *voſtra*, voſtre, *voſtri* &
  voſtre, vos & voſtres.
Loro, pour le ſingulier & plurier, *loro*,
  leur & leurs.
Ces Pronoms doiuent ordinairement
  eſtre accompagnez auec l'article
  deſiny, ou indeſiny, comme *il mio, il*
  tuo, il ſuo, &c. excepté aux tiltres,
  voſtra beatitudine, voſtr' eccellenza,
  &c. *mio padre, mia madre, mio fra-*
  tello, mia ſorella mio zio, mio nonno,
  &c. *vn ſuo vicino, vn tal mio amico*,
  ſuo malgrado , &c. où il n'eſt

pas neceſſaire. Les meſmes Pronoms au nominatif, & accuſa-
tif ſe mettent quelquesfois au genitif du demonſtratif, comme: *la di
lui forza*, la force duquel, *la di lor
gloria*, leur gloire, *cui*, qui a force de
relatif ſe rapporte à tous genres &
nombres, & ſe poſe entre l'article
& le nom, *il cui nome*, le nom duquel, *la cui virtu'*, la vertu duquel,
& de laquelle, ou plutoſt dont la
vertu.

Altrui, d'autruy, celuy-cy ſe poſe deuant & apres le nom, *l'altrui robba*,
& *la robba altrui*, qui ſignifie le
bien d'autruy.

Ogni, des deux genres, il ſe conſtruit
touſiours auec vn ſingulier, par
exemple *ogni Regno*, tout Royau-
me, *ogni Prouincia*, chaque Prouin-
ce, ou toutes Prouinces: & auec les
numeraux, au Plurier, *ogni ſei meſi*,
tout les ſix mois, *ogni quattr' anni*,
tous les quatre ans.

Tutto, tutta, & *tutte,* signifie la chose in-
integrale, & ne se peuuent pas pla-
cer au lieu *d'ogni.*

Niuno, & *niuna, nissuno* & *nissuna,* pas
vn, & pas vne, personne, il s'appliquent aux personnes.

Veruno, & *veruna,* personne: pas vn, &
pas vne, il s'appliquent plus pro-
prement aux choses qu'aux personnes.

Ambo, ambe & *ambi* : les deux ou tous
deux, ceux cy se construisent deuant l'article : *ambi le mani,* toutes les deux mains, & ainsi *ambidui,
ambodui, amendue, amendui, amen-
duna,* & *amendune,* qui signifie les
deux.

Alcuno, quelqu'vn & aucun.

Qualch'uno, & *qualcheduno,* quelqu'vn
qualcheduna, quelqu'vne : ils ne se
construisent qu'au singulier, & si
c'estoit vn expression necessaire, il
faudroit au lieu de dire *qualcuni,*
dire *alcuni* : quelque Messieurs, al-

cuni signori.

Esso, essa, iceluy, & icelle, *essi* & *esse,* ils & elles, cecy se trouue souuentes-fois apres la prepofition *con* accompagné d'vn perfonnel : *con esso me,* auec moy, *con esso te, con esso luy, con esso noi, con esso voi, con esso loro.*

Ciascuno, & *ciascheduno,* chafque, & chacun , *ciascuna* & *ciascheduna,* chafque & chacune : auec leurs pluriers, aux perfonnes.

Altro, altra, autre, *altri,* & *altre,* autres, *altri* fe prend pour *altro, altri à feruire, altri à donare è buono,* qui eft bon à feruir , qui eft bon à donner.

D'altri, fe prend auffi pour d'autruy.

Il y a vne particule qui fert d'imperfonnel aux Italiens , qui eft *si* : par exemple, *si dice,* l'on dit , *si fa ,* l'on fait, que l'on met auffi à la fin *dicesi, fassi,* &c.

Du Verbe.

NOus auons deux Verbes qui
ſont appellez auxiliaires , ſans
leſquels on ne ſçauroit coniuguer aucun Verbe. Le premier eſt *hauere*, qui
ſignifie auoir , & qui ſert aux verbes
actifs, & le ſecond eſt *eſſere*, qui ſignifie eſtre, & ſert aux paſſifs.

Le Verbe auxiliaire , hauere , auoir,
Indicatif, Preſent, Singulier.

Io ho ——— i ay
tu hai ———tu as.
egli ha ——il a

Plurier.

Noi habbiamo—nous auons.
voi hauete ———vous auez.

eglino *hanno* —ils ont.

Imparfait singulier.

Io haueuo, ou haueua - i'auois
tu haueui ————— tu auois
egli haueua ————— il auoit.

Plurier.

Noi haueuamo —nous auions
voi haueuate ——— vous auiez
eglino aueuano ———ils auoient.

Aprenez en paſſant, que la terminaiſon de ce temps eſt generale pour
tous les verbes, tant reguliers qu'irreguliers.

Parfaict definy singulier.

Io hebbi ——— i'eus
tu hauesti ———tu eus
egli hebbe ———il eut.

Plurier.

mmo
Noi haue —nous eufmes
ßimo
voi haueſte——vous euftes
eglino hebbero—ils eurent.

Parfait compoſé.

Io ho ⎫
tu hai ⎬ *hauuto*—tu as eu — i ay / il a
egli ha ⎭

Noi habbiamo ⎫ —nous auons eu
voi hauete ⎬ *hauuto*-vous auez eu
eglino hanno ⎭ ——ils ont eu.

Plus que parfaiſt.

Io hauena, vo ⎫ —— i'auois eu
tu haueui ⎬ *hauuto*——tu auois eu
egli hauena ⎭ —— il auoit eu.

Noi hauenamo	⎫ ———nous auions eu	
Voi hauenate	⎬ *hauuto* - vous auiez eu	
eglino hauenano	⎭ ———ils auoient eu.	

Futur.

Io hauero ——— i auray
tu hauerai ——— tu auras
egli hauerà ——— il aura
noi haueremo ——— nous aurons
voi hauerete ——— vous aurez
eglino haueranno - ils auront.

Il y en a qui retranche l'*e*, *haurò,
haurai, haura, hauremo*, ou *haremo,
haurete, hauranno*, & la terminaison du
futur est aussi generale en tous verbes.

Imperatif.

Habbi tu ——————aye toy
habbia egli ——————qu'il ait
habbiamo noi ——————ayons nous
habbiate voi ——————ayez vous

habbiano eglino——qu'ils ayent.

Optatif preſent & futur.

Dio voglia——Dieu veuille

che io habbia——que i'aye
che tu habbi——que tu ayes
che egli habbia——qu'il ait
che noi habbiamo-que nous ayons
che voi habbiate—que vous ayez
che eglino habbiano·qu'ils ayent.

Imparfaict.

Voleſſe Dio——pluſt à Dieu

che io haueſſi——que i'euſſe
che tu haueſſi——que tu euſſes
ch' egli haueſſe——qu'il euſt
che noi haueſſimo-que nous euſſions
che voi haueſte——que vous euſſiez
ch' eglino haueſſero-qu'ils euſſent.

Cette terminaison de temps est aussi
generale.

Second Imparfaict ou incertain.

    Volentieri, — volontiers,
io hauerei ou *harei* - - i'aurois
tu haueresti — — — — -tu aurois
egli hauerebbe — — - - -il auroit
      emmo
noi hauer   — -nous aurions
     essimo
voi hauereste — — - - -vous auriez
eglino hauerebbero ⎫ - -ils auroient
  ou *haueriano* ⎭

Cette terminaison aussi est generale.

      Parfaict.

    Dio voglia — Dieu veuille.
che io habbia ⎫ — — -que i'aye eu
che tu habbi ⎬ *hauuto* -que tu ayes eu.
che egli habbia ⎭ — —qu'il ait eu.

che noi habbiamo ⎫————que nous
       ⎪   ayons eu
che voi habbiate ⎬hauuto que vous
       ⎪   ayez eu
che eglino habbiano ⎭——qu'ils ayent eu.

Plus que Parfaict.

Voleſſe Dio——pluſt à Dieu,

che io haueßi ⎫————que i'euſſe eu
tu haueßi ⎬hauuto—tu euſſes eu
egli haueſſe ⎭————il euſt eu.

che noi haueßimo ⎫——que nous euſ-
        ⎪   ſions eu
voi haueſte ⎬hauuto—vous euſ-
        ⎪   ſiez eu
egli no haueſſero ⎭——ils euſſent eu.

Autrement.

Volentieri————volontiers,
Io hauerei, tu haereſti, egli hauerebbe,
      hauuto

auuto, noi hauere *ssimo* / *mmo* uoi hauerete, eglino hauerobbero & haueriano
hausto.

Conionctif.

Remarquez bien les variations Françoises, pour ce qui est de ce Conionctif: & c'est pour cela que ie les ay mises deuant l'Italien.

Le Present comme en l'Optatif.

Veu que i'ay, que tu as qu'il ait &c. Bien que i'aye &c. } conciosia cosa che io habbia, che tu habbi, che egli habbia, &c. ben che io habbia, &c.

Imparfaict, comme en l'Optatif.

Quand i'aurois &c. } quando io hauessi &c.

C

veu que i'auois,   conciosia che io
              huessi, &c.

si i'auois &c.   se io hauessi &c.
Bien que i'eusse   benche io hauessi,
&c.   &c.

Parfaict comme en l'Optatif.

Veu que i'ay eu   conciosia cosa che io
&c.   habbia hauuto
bien que i'ay eu   benche io habbia
            hauuto, &c.

Plus que Parfait.

Veu que, & bien   conciosia che &
que i'eusse, ou   benche io hauessi
i'aurois eu, &c.   ó hauerei hauu-
            to, &c.

Futur.
Composé du Futur, Indicatif & du Participe.

Quand i'auray eu,   quando io hauerò
&c.   hauuto, &c.

Les François varient le Futur Italien le mettant au present de l'Indicatif, lors qu'il se rencontre auec la partie conditionnele *se*, par exemple *domani se hauerò tempo, verrò à vederui*, demain si i'ay le loisir ie viendray vous voir.

Infinitif.

hauere ——————— auoir
esser per hauere—estre pour auoir
deuer hauere——deuoir auoir

Participe.

hauuto ——————— eu

Gerundif.

hauendo ——————— ayant.

Apprenez bien cet auxiliaire: & comme vous auez veu qu'il a des terminaisons generales, vous pourrez apprendre plus aisement à coniuguer les autres verbes.

Du Verbe auxiliaire, essere, estre.

Indicatif present.

Io sono —— ie suis.
tu sei -tu es.
egli è —il est.
noi siamo—-nous sommes
voi siete, sete-vous estes.
eglino sono——ils sont.

Imparfaict.

Io ero, era,--i'estois
tu eri———-tu estois
egli era——---il estoit
noi erauamo--nous estions
voi erauate- -vous estiez
eglino erano---ils estoient.

Premier Parfaict.

Io fui	——	ie fus
tu fosti	——	tu fus
egli fu	——	il fust
noi fummo	——	nous fusmes
voi foste	——	vous fustes
eglino furono	—	ils furent.

Second Parfaict.

Io sono	⎫	——	i'ay
tu sei	⎬ *stato*	——	tu as esté
egli è	⎭	——	il a
noi siamo	⎫	——	nous auons
voi sete	⎬ *stati*	—	vous auez esté.
quelli sono	⎭	——	ils ont

Ce Verbe n'est pas comme le François, qui se mesle auec auoir ; mais il
sert d'auxiliaire à soy-mesme : par
exemple pour dire i'ay esté, il faut dire
ie suis esté, & ainsi les autres temps, &

notez aussi que son participe se decline, & il faut qu'il s'accorde en genre
& en nombre.

Plus que parfaict.

Io era ⎱——————— i'auois
tu eri ⎰ stato ———— tu auois esté.
egli era ⎰ ——————— il auoit
noi eranamo ⎱ ——— nous auions
voi eranate ⎰ stati — vous auiez esté.
eglino erano ⎰ ——— -ils auoient

Futur.

Io sarò ————— ie seray
tu sarai ————— tu seras
egli sarà ————— il sera
noi saremo ———— nous serons
voi sarete ————— vous serez
eglino saranno —— ils seront.

Imperatif.
Sii tu ——— soy toy

sia egli ———— qu'il soit
siamo noi ———— soyons nous
siate voi ———— soyez vous
siano eglino — qu'ils soient.

Optatif present & futur.

Dio voglia ——— Dieu veuille.

che io sia ——— que ie sois
che tu sii ——— que tu sois
che egli sia ——— qu'il soit
che noi siamo — que nous soyons
che voi siate ——— que vous soyez
che eglino siano - qu'ils soient.

Imparfaict.

Voleße Dio — pluſt à Dieu,

che io foßi, & fußi - que ie fuſſe
tu foßi ——— tu fuſſes
egli foße ——— il fuſt
noi foßimo ——— nous fuſſions

voi foste——— vous fuſſiez
eglino foſſero.——ils fuſſent.

Autre Imparfaiét.

Volentiere——volontiers,
io ſarei———————ie ſerois
tu ſareſti———--tu ſerois
eg'i ſarebbe——il ſeroit
noi ſaremmo—nous ſerions
voi ſareſte——- vous ſeriez
eglino ſarebbero ⎫ -ils ſeroient.
    & ſariano. ⎭

Parfaiét.

Dio voglia—Dieu veuille,

che io ſia ⎫ —— que i'aye ⎫
tu ſii ⎬ ſtato-- tu ayes ⎬ eſté
egli ſia ⎭ ——— il ait ⎭
noi ſiamo ⎫ -——nous ayons ⎫
voi ſiate ⎬ ſtati --vous ayez ⎬ eſté.
eglino ſiano ⎭ ———ils ayent. ⎭

Plus que parfaiĉt.

Voleſſe Dio——pluſt à Dieu,
che io foſſi ——— que i'euſſe
tu foſſi } *ſtato*———tu euſſes } eſté.
egli foſſe ————il euſt
noi foſsimo ——nous euſſions
voi foſte } *ſtati*-vous euſſiez } eſté.
eglino foſſero ————ils euſſent

Autrement.

Volentieri————volontiers,
Io ſarei ————i'aurois
tu ſareſti } *ſtato*———tu aurois } eſté.
egli ſarebbe ————il auroit

Noi ſare *ſsimo* }—nous aurions }
voi ſareſte *mmo* } *ſtati*———vous } eſté.
eglino ſarebbo- auriez.
no o ſaria- ———ils auroient
no

Le Conionctif comme à l'Optatif.

Veu que ie suis——*conciosia che io sia,*
									&c.
bien que ie suis——*benche io sia &c.*

Imparfait comme en l'Optatif.

Quand i'estois——*quando io fossi &c.*
si i'estois   ——*se io fossi &c.*
veu que i'estois——*conciosia che io fossi,*
									&c.

Parfait.

Veu que i'ay esté——*conciosia cosa che io*
									sia stato.

Plus que parfait.

Veu que, & bien——*conciosia che & ben*
que				——			*che*

i'auois esté &c. ——— *io fossi stato &c.* o
sarei stato &c.
Infinitif, *essere parti. stato.*
Gerundif, *essendo.*

Formation generale des Verbes regu-
liers, qui peut seruir aussi pour les
anomaux, reseruant quelques irre-
gularitez.

POur cognoistre comme l'on doit
coniuguer vn Verbe, il faut auoir
recours à vne de ces quatre coniugai-
sons, à sçauoir.

La premiere a son Infinitif en *are:*
comme *amare, mangiare, accomodare,*
&c.

La seconde en *ere* long, comme *sede-*
re, vedere, &c.

La troisiesme en *ere* bref, comme *leg-*
gere, scriuere, &c.

La quatriefme en *ire*, comme *dormire fentire*, &c.

Tous les Verbes tant reguliers qu'irreguliers dependent de ces coniugaifons & fe forment ainfi.

Prenez l'Infinitif des fufdits Verbes & changez la terminaifon d'*are*, *ere*, & *ire* en *o*, vous en ferez la premiere perfonne du prefent de l'Indicatif, *amare, amo, vedere, vedo, leggere, leggo, dormire, dormo*, & ainfi des autres reguliers : pour ce qui eft des anomaux & irreguliers on en parlera à la fin.

Premiere coniugaifon en *are*,
amare, aimer.

Indicatif prefent.

Singulier.

Io amo —————— i'aime
tu ami —————— tu aimes
egli ama —————— il aime.

Plurier.

Noi amiamo————————nous aimons
voi amate————————vous aimez
eglino amano————————ils aiment.

Imparfait Singulier.

Io amaua, uo————————i'aimois
tu amaui————————tu aimois
egli amaua————————il aimoit.

Plurier.

Noi amauamo————————nous aimions
voi amauate————————vousaimiez
eglino amauano———— ils amoient.

Premier parfait.

Amai————————i'aimay
amaſti————————tu aimas
amò————————il aima

amammo ————————————nous aimasmes
amaste ————————————vous aimastes
amaro, ou *amarono* ————————ils aimerent.

Second parfait.

ho   ⎫ ——————————i'ay   ⎫
hai   ⎪ ——————————tu as   ⎪
ha   ⎪ ——————————il a   ⎪
habbiamo ⎬ *amato*—nous auons ⎬ aimé
hauete   ⎪ ——————————vous auez   ⎪
hanno.   ⎭ ——————————ils ont   ⎭

Plus que parfait.

haueuo   ⎫ ——————————i'auois   ⎫
haueui   ⎪ ——————————tu auois   ⎪
haueua   ⎪ ——————————il auoit   ⎪
haueuamo ⎬ *amato*—nous auiōs ⎬ aimé
haueuate ⎪ ——————————vous auiez   ⎪
haueuano ⎭ ——————————ils auoient   ⎭

Futur.

amero, ou *amaro* ————————i'aymeray

amerai————————tu aimeras
amerà————————il aimera
ameremo————————nous aimerons
amerete————————vous aimerez
ameranno————————ils aimeront.

Imperatif.

ama tu————aime toy
ami egli———— qu'il aime
amiamo———— aimons
amate————aimez
amino————qu'ils aiment.

Optatif present & futur.

Dio voglia————Dieu veuille,
Che io ami————que i'aime
tu ami————tu aimes
egli ami————il aime
noi amiamo————nous aimons
voi amiate————vous aimez
eglino amino————ils aiment.

Imparfait.

Volesse Dio	——pluſt à Dieu,
Che io amaſſi	——que i'aimaſſe
tu amaſsi	——tu aimaſſes
egli amaſſe	——il aimaſt
noi amaſsimo	——nous aimaſſions
voi amaſte	——vous aimaſſiez
eglino amaſſero	——ils aimaſſent.

Parfait.

Dio voglia	——Dieu veuille,
che io hab-bia	——que i'aye
tu habbi	——tu ayes
egli hab-bia	——il ait
noi hab-biamo	*amato*—nous ayós aimé.
voi hab-biate	——vous ayez
eglino hab-biano.	——ils ayent

Plus que Parfaiçt.

Volesse Dio	— pluſt à Dieu,		
che io ha-ueſsi	— que i'euſſe		
tu haueſsi	— tu euſſes		
egli ha-ueſſe	— il euſt		
noi haueſ-ſimo	*amato*-nous euſſiós	aimé
voi ha-ueſte	— vous euſſiez		
eglino ha-ueſſero	ils euſſent.		

Conionctif.

Veu que & ——— *concioſia che &*
bien que i'aime.——— *benche io ami.*

Imparfait.

quand i'aimois— *quando io amaſsi &*
& ſi i'aimois. — *ſe io amaſsi.*

Parfait.

Veu que ou ———— conciofa che & ben
bien que i'aye———— che io habbia ama-
aimé. ————to.

Plus que parfait.

Veu que ou ———— conciofia cofa che &
bien que i'eufle——ben che io hauefsi
ou aurois aimé.——o hauerei amato.

Futur.

Quand i'auray———— quando io hauerò
aimé. ————amato.

Infinitif.

amare————————aimer.

Participe.

amato————————aimé.

Gerondif.

amando————————aimant.

Seconde Coniugaifon.

Vedere,——voir.
i. vede————ie voy

t. *vedi* ——————tu voy
e. *vede* ——————il voit
n. *vediamo* ——nous voyons
v. *vedete* ——vous voyez
e. *vedono* ——————ils voyent.

Imparfait.

i. *vedeuo, vedeua* —ie voyois
t. *vedeui* ——————tu voyois
e. *vedeua* ——————il voyoit
n. *vedeuamo* ——————nous voyons
v. *vedenate* ——————vous voyez
e. *vedeuano* ——————ils voyoient.

Premier parfait.

i. *vidi* ——————ie vis
t. *vedesti* ——————tu vis
e. *vide* ——————il vist
n. *vedemmo* ——————nous vismes
v. *vedeste* ——————vous vistes
e. *videro* ——————ils virent.

Second parfait.

Io ho	}	————i'ay	}	
tu hai		————tu as		
egli ha	}	————il a	}	
noi habbia- mo	} veduto-	nous auons	}	veu.
voi hauete		————vous auez		
eglino han- no.	}	————ils ont	}	

Plus que parfait.

Io haueua	}	————i'auois	}	
tu haueui		————tu auois		
egli haue- ua		————il auoit		
noi haue- uamo	} veduto-	nous auions	}	veu.
voi haue- uate		————vous auiez		
eglino ha ueuano	}	————ils auoient	}	

Futur.

Io vedrò————ie verray
tu vedrai————tu verras
egli vedrà————il verra
voi vedremo————nous verrons
voi vedrete————vous verrez
eglino vedranno——ils verront.

Imperatif.

vedi tu————voy
veda egli————qu'il voye
vediamo————voyons
vedete————voyez
vedano————qu'ils voyent.

Optatif prefent & futur.

Dio voglia————Dieu veuille.
che io veda————que ie voye
che tu veda————que tu voyes
che egli veda————qu'il voiye

che noi vediamo————que nous voyons
che voi vediate————que vous voyez
che eglino vedano————qu'ils voyent,

Imparfait.

Volesse Dio————pluſt à Dieu,
che io uedeßi————que ie viſſe
che tu uedeſsi————que tu viſſes
ch'egli uedeſſe————qu'il viſt
che noi uedeſſimo————que nousviſſions
che uoi uedeſte————que vous viſſiez
che eglino uedeſſero————qu'ils viſſent.

Antre imparfait ou incertain.

Volentieri---volontiers,
io uederei————ie verrois
tu uedereſti————tu verrois
egli uederebbe————il verroit
    ſsimo
noi uedere ————nous verrions
    mmo
noi uedereſte————vous verriez

eglino *uederebbero* } ——ils verroient.
ou *uederiano.* }

Parfait.

Che io hab- } ————que i'aye }]
bia
tu habbi ————tu ayes
egli habbia | ————il ait
noi habbia- { *ueduto*—nous ayõs } veu.
mo
uoi habbia- } ————vous ayez }
te
eglino hab- | ————ils ayent |
biano.

Plus que parfait.

Che io ha- } ————i'euffe }]
uessi
tu hauessi } *ueduto*—tu euffes } veu.
egli ha- { ————il euft }
uesse

noi haues- | ueduto-nous euſſiŏs | veu,
ſimo | |
uoi ha- | ————vous euſſiez |
ueſte | |
eglino ha- | ————ils euſſent |
ueſſero. | |

Autrement.

Io hauerei | ————i'aurois |
tu haue- | ————tu aurois |
reſti | |
egli haue- | ————il auroit |
rebbe | |
noi haue- | ueduto nous auriŏs | veu,
remmo | |
uoi haue- | ————vous auriez |
reſte | |
eglino ha- | ————ils auroient |
uerebbero | |

Conionctif.

Veu que & bien | concioſia che & bien
que ie voy &c. | che io ueda &c.
                          Imparfait

Imparfait.

Si ie voyois
quand ie verrois } *si io vedeſſi*
quando io vedeſſi.

Parfait.

Veu que &
bien que i'aye veu } *concioſia che &*
benche io habbia
veduto, ou viſto.

Plus que parfait.

Veu que &
bien que i'auois
ou quand i'aurois
veu &c. } *concioſia che &*
benche io haueſſi,
ou quando io ha-
ueſſi veduto &c.

Infinitif.

Vedere —— voir.

Participe.

Veduto —— veu

Gerunde.

Vedendo —— voyant.

D

Troisiesme Coniugaison.
Leggere, lire.

Leggo	ie lis
leggi	tu lis
legge	il lit
leggiamo	nous lisons
leggete	vous lisez
leggono	ils lisent.

Imparfait.

Leggeua	ie lizois
leggeui	tu lizois
leggeua	il lizoit
leggeuamo	nous lizions
leggeuate	vous liziez
leggeuano	ils lizent.

Parfait.

Leßi	ie leu
leggeſti	tu leus

leſſe————————il leu
leggemmo————————nous leumes
leggeſte————————vous leutes
leſſero————————ils leurent.

Second parfait.

Hò ———————i'ay
hai ———————tu as
ha ———————il a
habbiamo letto—nous auons leu.
hauete ———————vous auez
hanno ———————ils ont

Plus que parfait.

Haueuo ———————i'auois
haueui ———————tu auois
haueua ———————il auoit
haueuamo letto—nous auions leu.
haueuate ———————vous auiez
haueuano ———————ils auoient

Futur.

Leggerò————————ie liray

leggerai ———— tu liras
leggerà ———— il lira
leggeremo ———— nous lirons
leggerete ———— vous lirez
leggeranno ———— ils liront.

Imperatif.

Leggi tu ———— ly toy
legga egli ———— qu'il life
leggiamo ———— lifons
leggete ———— lifez
leggano ———— quils lifent.

Optatif prefent & futur.

Dio voglia ———— Dieu veuille.
Che io legga ———— que ie life
tu legga ———— tu lifes
egli legga ———— il life
noi leggiamo ———— nous lifions
voi leggiate ———— vous lifiez
eglino leggano ———— ils lifent.

Imparfait.

Voleſſe Dio———pluſt à Dieu,

Che io leggeſſi———que ie leuſſe
tu leggeſſi ———tu leuſſes
egli leggeſſe———il leuſt.
noi leggeſſimo———nous leuſſions
voi leggeſte ———vous leuſſiez
eglino leggeſſero———ils leuſſent.

Autre imparfait.

Volentieri———volontiers,

Io leggeri ———ie lirois
tu leggereſti———tu lirois
egli leggerebbe———il liroit
noi leggeremmo———nous lirions
voi leggereſte———vous liriez
eglino leggerebbero-ils liroient.
    ou *leggeriano.*

D iij

Parfait.

Dio voglia———Dieu veuille,

Che io habbia	———que i'aye	
tu habbi	———tu ayes	
egli habbia	———il ait	
noi habbiamo	letto—nous ayós	leu.
voi habbiate	———vous ayez	
eglino habbia-no	———ils ayent	

Plus que parfait.

Voleſſe Dio———pluſt à Dieu.

Che io haueſſi	——que i'euſſe	
tu haueſſi	——tu euſſes	
egli haueſſe	——il euſt	
noi haueſſimo	letto·nous euſſiós	leu.
voi haueſte	———vous euſſiez	
eglino haueſ-ſero	——ils euſſent	

Autrement.

Volentieri ---- volontiers,

Io hauerei	—— i'aurois	
haueresti	—— tu aurois	
hauerebbe	—— l auroit	
mmo		
hauere *ßimo*	*letto*—nous aurions	leu.
hauereste	—— vous auriez	
hauerebbe-ro.	—— ils auroient	

Conionctif present.

Veu que & bien que ie lise. } *conciosia che & ben che io legga.*

Imparfait.

Si ie lisois & quand ie lirois. } *se io leggeßi & quando io leggessi.*

D iiij

Parfait.

Veu que & bien que i'aye leu.   *conciosia che & ben che io habbia letto.*

Plus que parfait.

Si i'auois, & quand i'aurois leu.   *se io haueßi & quando io haueßi letto.*

Infinitif.

leggere ——— lire.

Participe.

letto ———— leu.

Gerundif.

leggendo ——— lisant.

Quatriesme Coniugaison.
Dormire,—dormir.

dormo	ie dors
dormi	tu
dorme	il
dormiamo	nous
dormite	vous
dormono	ils

Imparfait.

dormiuo	ie dormois
dormiui	tu
dormiua	il
dormiuamo	nous
dormiuate	vous
dormiuano	ils

Parfait.

dormij	ie dormi
dormisti	tu
dormi	il

dormimmo ——————— nous
dormiste ——————— -vous
dormirono ——————— —ils

Second parfait.

Io hò		——————i'ay	
tu hai		————tu as	
egli ha		————il a	
noi hab-	dormito	—nous auós	dormy
biamo			
voi ha-		—vous auez	
uete			
eglino		——— ils ont	
hanno.			

Plus que parfait.

Io haueuo		——————i'auois	
tu haueui		————tu auois	
egli haueua	dormito	—il auoit	dormy.
noi haue-		————nous	
uamo		auions	

noi ha-
ueuate   } dormito — vous auiez | dormy.
eglino
haueua
no   } ————ils auoient |

Futur.

Dormirò————————ie dormiray
dormirai————————tu dormiras
dormirà —————— —il dormira
dormiremo ————— nous dormirons
dormirete ————— —vous dormirez
dormiranno———— —ils dormiront.

Imperatif.

Dormi tu————————dors
dorma egli ————— qu'il
dormiamo————————dormons
dormite ————— ————dormez
dormano ———— — —qu'ils

Optatif preſent & futur.

Dio voglio che————Dieu veuille que
Io dorma————————ie dorme
tu dorma—————————tu
egli dorma————————il
noi dormiamo————————nous
voi dormiate————————vous
eglino dormano————————ils

Imparfait.

Voleſſe Dio che————pluſt à Dieu que
Io dormiſſi————————ie dormiſſe
tu dormiſſi————————tu
egli dormiſſe————————il
noi dormiſſimo————————nous
voi dormiſte————————vous
eglino dormiſſero————ils

Autre Imparfait.
Volentieri——volontiers
Io dormirei————ie dormirois

tu dormiresti————tu dormirois
egli dormirebbe———il
noi dormiremmo———nous
voi dormireste——— vous
eglino dormirebbono }—ils
   ou dormiriano

Parfait.

Dio voglia——Dieu veuille

che io }————que i'aye
habbia
che tu ————tu ayes
habbi
che egli ———il ait
habbia
che noi { dormito nous ayōs { dormy.
habbia-
mo
che voi ————vous ayez
habbia-
te
che egli-————ils ayent
no hab-
biano,

Plus que parfaict.

Voleſſe Dio——pluſt à Dieu,

che io ha- neſſi		i'euſſe
che tu ha- neſſi		tu euſſes
che egli haueſſe	*dormito*——il euſt	dormy.
che noi ha- neſſimo	——nous euſſions	
che voi ha- neſte	——vous euſſiez	
che eglino haueſſero	——ils euſſent	

Autrement.

Volentieri——volontiers.

io haueri	——i'aurois	
tu haue reſti	*dormito*——tu aurois	dormy

egli ha- uerebbe	——il auroit	
noi haue- remmo	——nous aurions	
voi haue- reste	——vous auriez dormito	dormy
eglino ha- uerebbero ou haue- riano	——ils auroient	

Conionctif.

Veu que & bien } conciosia che, & ben
que ie dorme. } che io dorma.

Imparfaict.

Si ie dormois & } se io dormissi &
quand ie dor- } quando io dor-
mirois. } missi.

Parfait.

Veu que & bien } conciosia che & ben
que i'aye dor- } che io habbia dor-
my. } mito.

Plus que parfait.

Si i'auois & quand i'aurois dormy. } se io hauessi & quando io hauessi dormito.

Infinitif.

dormire———dormir.

Participe.

dormito———dormy

Gerondif.

dormendo———dormant.

Des Verbes Reflexis.

Les Reflechis sont ceux qui ont vne des suiuantes particules *mi*, *ti*, *si*, *ci*, *ni*, *si*?

Du Verbe *amarſi* —— s'aimer.

Indicatif preſent ſingulier.

Io mi amo ————ie m'ayme
tu ti ami ————tu t'aymes
egli ſi ama ————il s'ayme.

Plurier.

Noi ci amiamo ——nous nous aimons
voi vi amate ————vous vous aymez
eglino ſi amano ——ils s'aiment.

Pour ce qui eſt du reſte comme au Verbe *amare* y aiouſtant les ſuſdites particules.

Des Verbes Paſſifs.

Les Paſſifs ſe forment par le moyen du Verbe *eſſere*, & du participe du Verbe que vous voulez coniuguer, par exemple *io ſono amato,* ie

ſuis aimé, *io ſui ſalaſſato*, ie fus ſai-
gné, &c.

Des imperſonels de voix paßiue.

Ces Verbes ſe forment de la troiſieſme perſonne des temps des Verbes auec la particule *ſi* , *ſi dice*, l'on
dit *ſi vſa*, l'on accouſtume; on la met
auſſi à la fin, comme *amaſi, diceſi*, l'on
aime, l'on dit, ou bien il ſe dit.

Obſeruez auſſi que ces Verbes en
leurs preterits ont pour auxiliare le
Verbe *eſſere* comme pour dire l'on a
aimé, *ſi è amato*, l'on a dit, *ſi è
detto.*

On prend quelquefois la troiſiéme perſonne du plurier ſans aucune
particule : *dicono*, l'on dit *ſperano,*
l'on eſpere ou ils eſperent. *vi apriran-
no*, l'on vous ouurira.

Des imperſonels de voix aĉtiue.

Ces autres n'ont point de particule imperſonnelle, comme *biſogna*, il faut, *pioue*, il pleut, *neuica*, il neige, qu'ils n'ont que la troiſieſme perſonne & ſe coniuguent en tous les temps, comme *biſogna*, il faut, *biſognaua*, il falloit, *biſognò*, il fallut, *biſognara*, il faudra, & ainſi des autres.

Il y en a d'autres qui reçoiuent la particule, comme *ſi conuiene*, il conuient, *ſi diſdice*, il eſt mal-ſeant, & ils ſe declinent auſſi en tous temps, comme *ſi apparteneua*, il appartenoit, &c. & notez que la particule *ſi*, ſert autant à l'imperſonnel actif, qu'au paſſif, comme a eſté dit.

Le Verbe *eſſere* auec la particule *ci* ou *vi* qui ſignifie y, à la troiſiéme perſonne, eſt imperſonnel.

Remarquez-y la difference qu'il y a du François à l Italien qui n'eſt pas petite par exemple.

Il y a,————*ci è*, ou *vi e*,
il y auoit,——*ci era*, ou *vi era*,

il y eut,————————*ci fu*, ou *vi fu.*
il y aura,—————*ci farà*, ou *vi farà.*

Au Plurier.

Il y a——————————*vi fono.*
Il y a beaucoup des perſonnes,
fono molte perſone.
Et ainſi en tous les temps les coniuguant touſiours par le Vebe *eſſere.*

   Les Verbes qui ont vn *ſ*, au commencement, marquent priuation,
comme

   cuſcire, coudre, *ſcuſcire*, deſcoudre,
montare, monter, *ſmontare*, deſcen-
dre, & tout de meſme que *disfare*,
faire, *disfare*, defaire, &c.
Il faut que ie vous diſe qu'il y a beaucoup de Verbes qui varient leurs terminaiſons en quelques temps,
comme,

   haggio,————pour *ho.*
   han,—————pour *hanno.*
   haue,————pour *ha.*

hauea, } ——————pour *hauena.*
hauia, }

hauiano, ——————pour *haueuano.*
harò, ——————pour *hauerò.*
fora, ——————pour *farebbe*
fia, ——————pour *fia,* ou *farà.*
die, ——————pour *diede.*
calar, ——————pour *calaro,* où *calarono.*
fea, ——————pour *facena.*
feciono, ——————pour *fecero.*
fero, ——————pour *fecero.*
pon, ——————pour *ponno,* ou *possono.*
feo, } ——————pour *fece.*
fè, }

chiudeo——————pour *chiuse.*
fesse, ——————pour *facesse.*
pon, ——————pour *ponno,* ou *possono.*
hauessino, } ——pour *hauessero.*
hauessono, }

fuggia, ——————pour *fuggiua.*
dormien, } ——pour *dormiuano.*
dormiano, }

poteo——————pour *potè,* ou *potette.*

Il y en a vne infinité d'autres, qui

seroit trop long à les vouloir tous
dire, il suffit qu'en voila des plus en
vsage.

Les Italiens ont aussi quelques
participes retranchés, comme *domo,*
pour *domato, comporo,* pour *compra-*
to, carco, & *carico,* pour *caricato,*
cerco, pour *cercato, tronco,* pour *tron-*
cato, trouo, pour *trouato, tocco,*
pour *toccato.*

De l'application des temps.

Des Indicatifs.

Les Italiens posent quelquesfois
le present où les François mettroient
le futur, comme en cette phrase,
n'hauerò quanti ne voglio, i'en auray
tant que ie voudray, & en cette
autre, *comandarò fin che ci sono,* ie
commanderay tant que i'y seray, &
en cette autre, *aspettate qui, accio-*
che quando il padron viene voi possiate

parlargli, attendez icy, afin que lors que le maiftre viendra vous puiffiez parler à luy.

L'on met quelquesfois l'imparfait indicatif pour l'imparfait optatif, v.g. *guardauo fe lo vedeuo*, ie regardois fi ie le verrois, & auffi pour le plus que parfait optatif, comme *fe egli non andaua e tauola gli haueri parlato*, s'il ne fut pas allé à table i'euffe parlé à luy, *muto reftaua mi cred' io*, ie crois qu'il feroit demeuré muet.

Le parfait definy quelquesfois pour l'imparfait François, *fcaramuccia fu gratiofo hieri* : Efcaremuche eftoit plaifant hier.

L'on s'en peut auffi feruir parlant du iour prefent, comme *ftamattina vidi quell' amico*, ce matin i'ay veu la perfonne que vous fçauez, il eft vray que fon vfage ordinaire eft comme le François.

Des Optatifs & Conionctifs.
Le prefent & le futur Optatif Ita-

lien ſe met pour le preſent Indicatif
François , eſtant accompagné de la
particule conditionnelle *ſi* , v. g. ſi
cela eſt , *quando queſto ſia* , & de
plus ledit preſent Indicatif pour le
futur François, comme tout auſſi toſt
que ie verray de l'argent i'y iray,
come vegga danari ci andarò, en voicy vn autre exemple, *non ſò doue mi
ſia* , pour dire , ie ne ſçay où ie
ſuis.

    Vous auez veu nos Optatifs Ita-
liens, qui ont deux imparfaits , remarquez maintenant comme nous
nous en ſeruons preſque au contraire des François , les tranſpoſant &
mettant le ſecond pour le premier,
& le premier pour le ſecond , comme en cette phraſe , *chi voleſſe parlargli biſognarebbe* , &c. qui voudroit
parler à luy il faudroit &c. où le ſecond imparfait ne ſeroit nullement
bon , ſi ce n'eſtoit en quelque phraſe
interrogatiue , comme *chi ſarebbe ſi
ſciocco*

sciocco ? seroit-il si sot ? & en cette autre , *la perdita di cento scudi non m'hauerebbe dato più disgusto,* la perte de cent escus ne m'eut pas tant fasché : & en cette autre, *per impedire il soccorso che di là potesse venire ,* pour empescher le secours qui pourroit venir de là , & en cette autre, *non hauerei mai creduto, che la mia disgratia m'hauesse fatto,* &c. ie n'eusse iamais creu que ma disgrace m'eust fait , &c.

Le premier imparfait de l'Optatif se met quelquesfois pour l'imparfait indicatif, comme *non sò come potesse mangiar tanto,* ie ne sçay pas comme il pouuoit tant manger.

Il se pose aussi pour le premier parfait comme, *vorrei sapere in che stato restassero le cose,* ie voudrois sçauoir en quel estat demeurent les affaires , &c.

Pour le plus que parfait potentiel ou conditionné François , il se faut

touſiours ſeruir du ſecond plus que
parfait Italien, comme ſi vous vouliez
dire, i'euſſe ou i'aurois voulu faire
cecy, il faut dire, *io honerei voluto far
queſto,* & il ne faudroit pas dire, *io haueßi,* &c.

De l'Infinitif.

L'Infinitif ſert pour Imperatif en
defendant, *non amare,* n'ayme pas *non
vedere,* ne vois pas, &c.

Auec la particule *con,* ſert au Gerondif, *con dire,* en diſant, ou *col dire,* &
auec cette autre, *nell' entrare,* en en-
trant, *nell' vſcire,* en ſortant.

Du Participe.

Le Participe Italien ſe met tout
ſimple, lorsque le François le met-
troit compoſé, comme *coſi detto,* aiant
ainſi dit, *ſubito leuato,* tout auſſi toſt
qu'il fut leué, ou que ie ſeray
leué.

Le Participe s'accorde auec l'antecedant en genre & en nombre, comme, *chi ha rilegati quefti libri ? li ha rilegati Antonio*, qui a reliez ces liures? Antoine les a reliez.

Quelquesfois il faut auffi exprimer le genre deuant l'antecedant: comme, *voi mi hauete fatte tante fcufe*, vous m'auez fait tant d'excufes, &c. quoy que l'on n'y eft pas obligé; mais c'eft pour elegance.

Et en Coniugaifon le Participe fe decline comme i'ay dit au Verbe *effere : io fon ftato, io fon ftata , noi fiamo ftati, noi fiamo ftate* , cela vous fera auffi coniuguer les Verbes paffifs.

Des Verbes irreguliers & anomaux.

Les Verbes irreguliers & anomaux font ceux qui en coniuguant changent de terminaifon ou de fon.

Le changement eft en y adiouftant

ou diminuant quelque syllabe ou voyelle.

Cette irregularité ou anomalie ne consiste qu'en quelques temps ou personnes.

Irreguliers de la premiere Coniugaison.
andare, aller.

vò, ou *vado,* ————————ie vay,
vai, ——————————— tu vas,
và, ———————————il va,
andiamo, ——————————nous allons,
andate, ——————————vous allez,
vanno, ——————————ils vont.

Vous voyez la variation de ce Verbe, qui est presque comme la Françoise.

Notez en passant que l'Imparfait est comme *amare.*

anda { *vò* ——————i'allois
vi
và
vamo

anda }uate —————— vous alliez,
     }uano

Parfaict.

and { ai —————— i'allay
     { asti
     { ò
     { ammo
     { aste
     { arono

Autre Imparfaict.

sono }   —————— ie suis allé
sei } andato
è   }

siamo }
sete } andati
sono }

Plus que parfaict.
ero }
eri } andato —————— i'estois allé.
era }

erauamo
erauate } *andati*
erano

Futur.

arò —————————— i'iray.
and { arai
{ arà
{ aremo
{ arete
{ aranno

Imperatif.

và ——————— va.
vada
andiamo
andate
vadino.

Optatif.

che io vada ————— que i'allie &c.
tu vada , egli vada.
Le reste comme *amare*.

Du Verbe *dare*, donner.

Dò, dai, dà, diamo, date, danno.
Parfait.
Diedi, desti, diede, diè, demmo, deste, diedero, dettero.

Ie n'y mets pas l'Imparfait, parce qu'il est regulier.

Parfait.

hò
hai
hà
habbiamo ⎱ dato ——— i'ay donné.
hauete
hanno

Plus que Parfaict.

hebbi
hebbi
ha ⎱ heua ⎱ dato ——— i'auois donné.
heuamo
heuate
heuano

Futur.

da { rò / rai / rà / remo / rete / ranno } ———— ie donneray

Optatif.

che io dia ———— ie donne.
tu dia
egli dia
noi diamo
voi diate
quelli diano.

Du Verbe *fare*, faire.

fò ou *faccio,* ———— ie fay,
fai
fà
facciamo
fate
fanno.

Imparfait.

fa {
ceuo ——————— ie faifois.
ceui
ceua
ceuamo
ceuate
ceuano
}

Parfaict.

feci ——————— ie fis' ou *fer*
facefti ——————— fefti
fece ——————— fè
facemmo ——————— femmo
facefte ——————— fefte
fecero ——————— fero

Second Parfaict.

ho ——————— i'ay fait,
hai
ha
habbiamo } fatto.
hauete
hanno

E v

Plus que parfait.

haueuo		
haueui		
haueua	⎬ ——————i'auois fait,
haueuamo	*fatto.*
haueuate	
haueuano	

Futur.

farò	
farai	
farà	⎬ ——————ie feray.
faremo	
farete	
faranno	

Imperatif.

fà, ——————fais
facci ——————qu'il fasse,
facciamo
fate,
faccino.

Notez que tout ce qui n'est point marqué, est regulier , ou bien formé d'autre temps, selon la formation generale, c'est pourquoy ie ne mettray que ce qui sera plus necſſaire.

Du Verbe *ſtare*, eſtre, eſtre debout, demeurer.

Preſent , *ſto* , *ſtai* , *ſtà* , *ſtiamo* , *ſtate* , *ſtanno*.

Imparfait, *ſtauo*, *ſtaui* *ſtaua*, *ſtauamo*, *ſtauate*, *ſtauano*.

Parfait, *ſtetti*, *ſteſti*, *ſtette*, *ſtemmo*, *ſteſte*, *ſtettero*.

Second Parfait, *ſon ſtato*, &c.

Imperatif, *ſtà*, *ſtia*, &c.

Opt. *ſtia*, *ſtia*, *ſtia*, &c.

Du Verbe *negare*, nier, & *pregare*, prier.

niege ou *nego* — ie nie } *prego* , ou *priego*, — ie prie,

neghi		*preghi*
nega		*prega*
neghiamo		*preghiamo*
negate		*pregate*
negano.		*pregano.*

Remarquez qu'il n'y a autre diffe-rence que lors que le *g.* eſt deuant *i.* & *e.* il y faut vn *h.* & au reſte fait com-me *amare.*

Des ſuſdits Verbes en peuuent ſor-tir des compoſez, comme *traſandare,* *condonare, ſatisfare* &c.

L'on trouue en la Poëſie à la troi-fieſme perſonne du Preſent du Verbe *fare, face,* pour *fà,* il fait.

Irreguliers de la ſeconde coniugaiſon.

cadere, ——— tomber.

caggio,		
cado,	*cadi, cade, cadiamo, cadete,*	
cadono.		

Parfaict.

caddi, cadesti, ca $\begin{cases} dè \\ dde \\ dette \end{cases}$

cademmo, cadeste, ca $\begin{cases} derona, \\ ddero, \\ dettero. \end{cases}$

Tous les composez suiuent la reigle de leurs simples, comme *accadere, ricadere.* &c.

capere, contenir ou estre contenu dans quelque chose.

capo, capi, cape, capiamo, capete, capono.

Parfait.

capei, capesti, ca $\begin{cases} pè \\ pette. \end{cases}$

capemmo, capeste, ca $\begin{cases} perona, \\ pettero \end{cases}$

Ce Verbe fait presque comme *capire.*

dolere, douloir.

dolgo, & doglio, duoli, duole, dogliamo, dolete, dolgono & dogliono.

Ce Verbe signifie aussi se plaindre & en ce cas il le faut coniuguer comme reflechy par les particules reciproques, *mi doglio, ti duoli, si duole, ci dogliamo, vi dolete, si dolgano, ou si dogliono, &c.*

Parfait.

mi dolsi, ti dolesti, si dolse, ci dolemmo, vi doleste, si dolsero.

Futur.

mi dorrò, ti dorrai, si dorrà, ou }
mi dolerò, ti dolerai, si dolerà, }
ci dorremo, vi dorrete, si dorranno.

Participe.

doluto.

Son composé est *condolere,* qui suit la mesme coniugaison.

Douere, deuoir.

deuo, ⎱ dei, dee,
debbo, ⎰ deui, deue,
dobbiamo, douete, debbono ⎱
                          deuono. ⎰

Parfait.

deuei, douesti, doué ⎱ duemmo, doueste,
          douette. ⎰ douettero.

Futur.

deurò, ⎱ dourai, dourà, douremo, dourete,
dourò, ⎰ douranno.

Participe.
doueto:

Giacere, estre couché.
giacio, giaci, giace, giacemo, giacete, gia-
ciono.

Parfait.

Gia {
cqui,
ceſti,
cque,
cemmo,
ceſte,
cquero.
}

Piacere, plaire,
diſpiacere, } compiacere, } tacere, }
deſplaire, } complaire, } taire. }
font de la meſme coniugaiſon.

Godere, ioüir.

Preſent.	*Parfait.*	*Futur.*
go { do	go { dei	go { derò
di	deſti	derai
de	dè, det-	derà
diamo	te	deremo
dete	demmo	derete
dono	deſte	deran-
	derono,	no.
	dettero.	

Parere, sembler.

Present.	Parfait	Futur.
pa { io / ri / re / iamo / rete / iono }	pa { rsi / resti / rse, rue / remmo / reste / rstro, ruero }	pa { rrò / rrai / rrà / rremo / rrete / rranno. }

Potere, pouuoir.

posso, puoi, può, { potiamo, potete, possono.
pote

Parfait.	Futur.
po { tei / testi / tè, tette / temmo / teste / terono, potettero. }	po { trò / trai / trà / tremo / trete / tranno. }

Imperatif.   Optatif.   Participe.

Il n'a que la troisiesme au singulier.

po {ʃʃi / ʃʃa / ʃʃiamo / ʃʃiate / ʃʃano.}   po {ʃʃa / ʃʃa / ʃʃa &c.}   {potuto.}

Rimanere, demeurer.

Present.   Preterit.   Futur.

rima {ngo / ni / ne / niamo / nete / ngono}   {ʃi / neʃti / ʃe / nemmo / neʃte / ʃero}   {rrò / rrai / rrà / rremo / rrete / rranno.}

Participe.

rimaʃo, ou rimaʃto.

Sapere , ſçauoir.

Sò, ſai , ſà, ſappiamo, ſapete, ſanno.

Parfait.

Seppi, ſapeſti, ſeppi, ſapemmo , ſapeſte, ſeppero.

Futur.

Saprò , ſaprai, ſaprà , ſapremo, ſaprete, ſapranno.

Imperatif.

Seppi, tu ſappia egli , &c. comme ha-nere.

Riſapere, eſt ſon compoſé qui ſuit ſon ſimple.

Participe.

Saputo , riſaputo.

Sedere, asseoir, estre assis.

siedo ⎱ siedi, siede, sediamo, sedete, siedono
seggo ⎰   seggono.

Parfait.

Sedei, sedesti, sedè, ⎱
                    sedette ⎰
sedemmo, sedeste, sederono ⎱
                    sedettero. ⎰

Participe.

Seduto.

son composé est *possedere.*

Solere, souloir, auoir de coustume.
Soglio, suoli, suole, sogliamo, solete, so-
    gliono,

Parfait.

Solsi, solesti, solse, solemmo, soleste,
solsero.
Il est vray qu'on ne trouue guere
    les temps de ce Verbe, qu'auec le
    Verbe *essere.*

io ero solito , io fui solito, &c.

suadere , } *persuader.*
persuadere. }
dissuadere, ——————*dessuader.*
suado, suadi, suade , &c.

Parfait.
Suasi, suadesti , suase , &c.

Participe.
Suaso.

Temere, ——————*craindre.*
Present.	*Parfait.*
mo	*mei*
mi	*mesti*
te *me*	*mè, mette*
miamo	*memmo*
mete	*meste*
mone	*mettere.*

Participe.
temuto.

Tenere, ——————tenir.

Tengo, tieni, tiene, teniamo, tenete, tengono.

Parfaict.

Tenni, tenesti, tenne, tenemmo, teneste, tennero.

Fut.   Terrò.

Parti. Tenuto.

Imperat.   Tieni tu, tenga egli, &c.

Optatif.   Tenga, &c.

Ses composez sont, astenere, ottenere, contene, ritenere, &c.

Valere, —————— valoir.

Present.   Parfait.

va {
glio
li
le
gliamo
lete
gliono.
}

{
lsi
lesti
lse
lemmo
leste
lsero.
}

Futur.

$$va \begin{cases} rr\grave{o} \\ rrai \\ rra, \&c. \end{cases}$$

On ne trouue guere cet Imperatif, & en tout cas il se met comme la coniugaison generale.

Participe.

Valuto, valso.

Preualere, fait tout de mesme.

Volere, ——vouloir.

$$P.\ \begin{cases} vu\grave{o} \\ voglio \\ v\grave{o} \end{cases} \begin{cases} vuoli, \\ vuoi \end{cases} \begin{cases} vuole \\ vuol \end{cases} \begin{cases} vogliamo, vo\text{-} \\ lete, vogliono. \end{cases}$$

$$Par.\ \begin{cases} volli, \\ volsi, \end{cases} \begin{cases} volesti, volse, \\ volle, \end{cases}$$

volemmo, volessimo, voleste, vulsero, vol-lero.

Futur. vorrò.

Part. voluto.

Anomaux de la troisiesme coniugai-son.

Accendere, ———allumer.

Parfaict.   *accesi.*
Paticipe.   *acceso.*
Gerond.   *accendendo.*

ascendere, monter.
attendere, attendre, estre attentif.
appendere, pendre.
contendere, contester.
pretendere, pretendre, *ascondere,* & tous
ceux qui ont la mesme terminaison en
ndere, suiuent la reigle du Verbe, *ac-*
cendere, exceptez *fondere,* & leurs composez que leurs Parti. fait en *uso.*

Ardere, ——————— allumer.

Present.   *Parfait.*

        ⎧ *do*   ⎧ *si*
        ⎪ *di*   ⎪ *desti*
        ⎪ *de*   ⎪ *se*
ar ⎨ *diamo*   ⎨ *demmo*
        ⎪ *dete*   ⎪ *deste*
        ⎩ *deno, dono.* ⎩ *sero.*

Participe.

Participe.

Arso.

Assoluere, absoudre.
Pres. *assoluo, ui, ue.*

Pret. *assol* { *uesti, se.*
uei,

Participe. *assoluto.*

Battere, battre.
Present. *Batto tti, tte. &c.*
Preterit. *Battei, sti, ttè. &c.*
Participe. *Battuto.*
   Et ses composez,
Combattere, ribattere, debattere, &c.

Beuere, & bere, boire.
Present. *beuo, ui, ue.*
Preterit. *beuei, esti, uè, uemmo, este,*
uerono.
Participe. *Beuuto.*

Cedere, ceder.

	Present.	Preterit.
æ	do di de diamo dete dono	dei desti dette demmo deste dettero.

Participe.
Ceduto.

Concedere, accorder.
Parfait. *Concessi.*
Participe. *Concesso.*

Chiedere, demander.
Present.
Chiedo, ⎱ *chiedi , chiede , chiediamo,*
Cheggo, ⎰
chedete , chiedono , ⎱
chieggono. ⎰

Preterit.

Chiesi , desti , ese. &c.

Participe.
Chiesto , & chieduto.
Son composé, *richiedere.*

Cogliere ⎱ cueillir.
corre, ⎰

Present.
Colgo , cogli , coglie , cogliamo , coglete, colgono.

Preterit.
Bolsi , cogliesti , colse, &c.
Participe.
Colto.
Raccogliere & raccorre, de mesme.

Conoscere, cognoistre.
Present.
Conosco , conosci , conosce , conosciamo,

conoscete, conoscono.

Parfait.
*Conobbi, conocesti, conobbi, conoscem-
mo, conosceste, conobbero.*

Participe.
Conosciuto.

Credere, croire.

Parfait.
Credei, ⎫ *credesti, credette, credemmo,*
credetti. ⎭   *credeste, credettero.*
Participe. *Creduto.*

Crescere, croistre.

Present. *Cresco cresci, cresce, cresciamo,
crescete, crescono.*
Preterit *Crebbi, cresceti, crebbe, crescem-
mo, cresceste, crebbero.*
Participe. *Cresciuto.*

Accrescere,& *rincrescere*, accroiftre,
& defplaire,de mefme.

Il eft vray que *rincrescere*,fe coniugue
ainfi,en forme de reflechy.

Prefent. *Mi rincresce, ti rincresce , gli
rincresse,*

si rincresce,vi rincresce,gli rincresce.

Et ainfi continuant auec les particules,il a plutoft nature d'imperfonnel
que d'autre.

Chiudere, clorre.

Parfait. *Chiusi.*
Participe. *Chiuso.*

conchiudere , rinchiudere , fait de
mefme.

*Cuocere,*cuire.

Prefent. *Cuoco, cuoci, cuoce, cuociamo,
cuocete,cuocono.*
Parfait. *Cossi, cocesti, cosse, cocemmo, co-
ceste,cossero.*
Participe. *Cotto.*

Decidere, decider.
Parfait. *Decisi.*
Participe. *Deciso.*
  Incidere, recidere, fait de mesme.

Difendere, deffendre.
Preterit. *Difesi.*
Participe. *Difeso.*
  Diuidere, diuiser.
participe, *Diuiso.*

Fendere, fendre.
Parfait. *Fendei,* & *fendetti.*
Participe. *Fenduto,* & *fesso.*

Fiedere, frapper.
Ce Verbe n'a que la troisiesme personne au singulier & au plurier, *fiede,*
il frappe, *fiedono,* ils frappent.

Fremere, fremir.
Parfait. *Fremei.*
Participe. *Fremuto.*

Gemere, gemir.
Parf. *Gemei.* Part. *Gemuto.*

Immergere, plonger.
Parfait. *Immersi.*
Participe. *Immerso.*

Intendere, entendre.
Parfait. *Intesi.*
Participe. *Inteso.*

Lucere, & *rilucere,* luire.
Il n'a point de participe.
rilucere, est plus en vsage.
Parfait. *Rilucei.*

Mettere, mettre.

Parfait. *Misi, mettesti, mise, mettem-*
mo, metteste, misero.
L'*s,* de la troisiesme personne pluriere
de ce Verbe se prononce rude ; car
en le prononçant doux , il signifie
miserable, ou auaritieux.

Participe. *Messo.*

Et ses composez, *ammettere, rimettere, & scommettere,* qui signifie faire gageure, suiuent la mesme coniugaison.

Mordere, mordre.

Parfait. *Mordei, morsi, & mordetti.*
Participe. *Morduto.*

Muouere, mouuoir.

Participe. *Mosso, commouere, & rimouere,* de mesme.

Nascere, naistre.
Present. *Nasco, nasci, nasce, nasciamo, nascete, nascono.*
Parfait. *Nacqui, nascesti, nacque, nascemmo, nasceste, nacquero.*
Participe. *Nato, & ses composez.*

Nuocere, nuire.
Present. *Nuoco, nuoci, nuoce, nuocia-*

mo, nnocete, nnocono.
Parfait. *Nocqui, nocesti, nocque, no-*
cemmo, noceste, nocquero.
Participe. *Nociuto, & nocciuto.*

Offendere, offenser.

Parfait. *Offesi.* Participe. *Offeso.*

Opprimere, opprimer, accabler.

Parfait. *Oppreßi, opprimest, oppresse, op-*
primemmo, opprimeste, oppressero.
Participe. *Oppresso, deprimere, reprime-*
re. de mesme.

Pascere, paistre.

Present. *Pasco, pasci, pasce, pasciamo,*
pascete, pascono.
Parfait. *Pascei, pascesti, pascé & pas-*
cette, &c.
Participe. *Pasciuto.*

F v

Pendere, pendre.

Parfait. *Pendei & pendetti.*
Participe. *Penduto.*

Appendere, son composé,
Participe. *Appeso.*

Percuoere, frapper.

Parfait. *Percoßi & percotei.*
Participe. *Percoßo.*

Perdere, perdre.

Parfait *Perdei, perſi.*
Participe. *Perſo, perduto.*

Piouere, pleuuoir.
imperſonnel.

Parfait. *Piouè, piouette, & piobbe.*
Participe. *Piounto.*

Ponere, ou *porre,* mettre.

Present. *Pongo, poni, pone, poniamo, po-*
nete, pongono.
Parfait. *Posi, ponesti, pose,* &c.
Participe. *Posto.*
Futur. *Porrò, porrai, porrà,* &c.

Et ses composez *apporre,* opposer,
comporre, composer, *deporre,* mettre
bas, *esporre,* exposer, &c. de mesme.

Porgere, donner, apporter.

por	Pres.	Parf.	Part.
	go	si	to.
	gi	gesti	
	ge	se	
	giamo	gemmo	
	gete	geste	
	gono.	sero	

Premere, presser.
Parf. *Premei, pressi, premetti.*

F vj

Part. *Premuto*, preſſo.

Prendere, prendre.

Parf. *Preſi, prendeſti, preſe, prendem-*
mo, prendeſte, preſero.
Part. *Preſo.*
    Et ſes compoſés *apprendere, com-*
prendere, &c. de meſme.

Preſumere, preſumer.

	Preſ.	Parf.	Part.
pre	*ſumo*	*ſumei*	*ſunto*
	ſumi	*ſumeſti*	
	ſume	*ſumè, ette*	
	ſumiamo	*ſumemmo*	
	ſumete	*ſumeſte*	
	ſumono	*ſumerono, ettero*	

Radere, raſer.

Parf. *radei.*
Part. *raſo,* & *raduto.*

Recere, vomir.

Pref.	Parf.	Part.

re
{ cio, ci, ce, ciamo, cete, ciono }
{ cei, cesti, cè, cemmo, ceste, cerono }
{ ciuto }

Rendere, rendre.

Parf. *Resi*, & *rendei*.
Part. *reso*, & *renduto*.

Reprimere, reprimer.

Parf. *Repremei*, *reprimesti*, *represse*.
Reprimemmo, *reprimeste*, *reprime-*
rono.
Ce Verbe ne se trouue guere qu'en
ces temps.

Riceuere, receuoir.

Parf. *Riceuei , riceuetti.*
Part. *Ricenuto.*

Ridere, rire.
Parf. *Riſi.*
Part. *Riſo.*

Riflettere , reflechir.

Preſ. *Rifletto, rifletti , riflette , &*
Parf. ne ſe trouue qu'à la troiſiéme
perſonne, *rifeſſe.*
Part. *Rifleſſo.*

Riſplendere , éclatter.

Parf. *Riſplendei.*
Il n'a point de participe.

Riſoluere, reſoudre.
Parf. *Riſolſi.*

Part. *Risoluto.*

Rispondere, respondre.
Parf. *Risposi.*
Part. *Risposto.*

Rodere, ronger.
Parf. *Rosi, rodesti, rose, rodemmo, rodeste,*
 rosero.
Part. *Roso.*

Rompere, rompre.
Parf. *Ruppi, rompesti, ruppe, rompem-*
 mo, rompeste, ruppero.
Part. *Rotto.*

Scendere, descendre.
Parf. *Scesi, scendesti, scese, scendemmo,*
 scendeste, scesero.
Part. *Sceso.*

Spendere, despenser.
Parf. *Spesi,* ⎱ *spendesti, spese, spendem-*
 spendei ⎰ *mo, spendeste, spesero.*
Part. *Speso,*

Sommergere, submerger.
Part. *Sommerso.*

Spargere, espancher.
Parf. *Sparsi,* } *spargesti, sparse,* &c.
spargei
Part. *Sparso.*

Stendere, estendre.
Parf. *Stesi, stendesti, stese,* &c.
Part. *steso.*

Stringere, estreindre.
Parf. *Strinsi, stringesti, strinse,* &c.
Part. *Stretto.*

Succedere, succeder.
Parf. *Successi,* & *succedei.*
Partic. *Succeduto,* & *successo.*

Suellere, arracher.
Parf. *Suelsi.*
Partic. *Suelto.*

Tendere, tendre, *distendere,* estendre.
Parf. *Tesi, tendesti, tese,* &c.
Partic. *Teso.*

Tessere, tisser.
Parf. *Tessei, tessesti, tesse,* &c.
Partic. *Tessuto.*

Togliere, ou *torre,* prendre, & oster.
Pres. *Tolgo.*
Parf. *Tolsi.*
Partic. *Tolto.*
Fut. *Torrò.*

Trarre, tirer.
Pres. *Traggo, trahi, trahe, trahemo, tra-*
  hete, traggono.
Imparf. *Trahexa.*
Parf. *Trassi, trahesti,* &c.
Fut. *Trarrò.*
Part. *Tratto.*

Vccidere, tuer.
Parf. *Vccisi.*
Partic. *Vcciso.*

Vendere, vendre.
Parf. *Vendei.*
Part. *Venduto.*

Viuere, viuere.

Parf. *Viſſi.*

partic. *Viuuto,* & *viſſuto* : Et ce der-
nier ſe ſert du verbe ſubſtantif pour
auxiliaire, *io ſon viſſuto,* i'ay veſcu.

Il y a quelques autres verbes de
cette coniugaiſon qui ont quelque
irregularité à l'infinitif, comme *ad-
durre,* pour *adducere : condurre,* pour
conducere: indurre, pour *inducere,* &c.

Ceux qui ſont terminez en *gere,*
s'eſcriuent auſſi par *gnere* indifferem-
ment, v.g. *piangere,* & *piagnere, mangiare, magnere.*

Il y a le Verbe *appetere,* qui a ſon
preſent en *ſco, appetiſco,* comme quelques Verbes de la quatrieſme : voyez
en l'exemple cy-apres.

IRREGVLIERS DE
la quatrieſme coniugaiſon.

Aprire, ouurir
Parf. *Apry,* & *aperſi.* Part. *Aperto.*

Coprire, couurir.

Pref. *Cuopro, cuopri, cuopre, copriamo, coprite, cuoprono.*

Parfait. *Copry,* & *coperſi.*

Participe. *coperto.*

Dire, dire.

Preſent, *Dico, dici, dice, diciamo, dite, dicono.*

Imparfait. *Diceua.*

Parfait. *Diſſi, diceſti, diſſe, dicemmo, di-ceſte,* &c.

Participe. *Detto.*

Gire, aller.

Ceſtui-cy n'a que *gite* au preſent.

Imparfait, à la troiſieſme perſonne, *giua.*

Parfait, *Gi, gio,* Plur. *girono,* en poëſie.

Ire, aller.

Preſ. & Imperat. *Ite.*

Imparf. *Iuano.*

Partic. *Ito.* poëtique.

Morire, mourir.

Preſ. *Muoio,* & *muoro.*

Parf. *Mory.*

Parf. comp. *son morto.*
Fut. *Morrò.*
Part. *Morto.*

Salire, monter.
Pref. *Salgo, & saglio, sali, sale, salimo,*
salite, sagliono, salgono.
Parf. *Salsi, & sali, salisti, sali & sa'se.*
Plur. *Salimmo, saliste, salirono.*
Fut. *Salirò, & sarrò.*

Vdire, oüir.
Pref. *Odo odi, ode,*
Vdiamo, vdite, odono.
Parf. *Vdy, vdisti, vdi, vdimmo, vdiste,*
vdirono.
Part *vdito.*

Venire, venir.
Pref. *Vengo, vieni, viene.*
veniamo, venite, vengono.
Parf. *Venni, venisti, venne, venimmo, ve-*
neste, vennero.
Partic. *Venuto.*
Fut. *Verrò.*

Outre ceux-cy il y a des verbes
terminez en *sco,* dont les vns ont deux

presens, & en voicy quelques-vns.

Fallire, fallo, & *fallisco,* manquer.

Forbire, forbo, & *forbisco,* forbir.

Inghiottire, inghiotto, & *inghiottisco,* englouttir.

Mentire, mento, & *mentisco,* mentir.

Patire, pato, & *patisco,* patir.

Perire, pero, & *perisco,* perir.

Les autres n'ont que la troisiesme du present abregée.

Ferire, fere, & *ferisce,* blesser.

Languire, langue, & *languisce,* languir.

Nutrire, nutre, & *nutrisce,* nourrir.

Rapire, rape, & *rapisce,* rauir. *Tradire, trade,* & *tradisce,* trahir.

Les autres ont le present en *sco,* dont voicy l'exemple.

Ardire, oser.

Ardisco, ardisci, ardisce.

Ardiamo, ardite, ardiscono.

Ainsi,

Anneghittire, anneghittisco.

Annuilire, annuilisco.

Finire finisco.
Fioire, fiorisco.
Gioire, gioisco.
Ingagliardire, ingagliardisco.
Impallidire, impallidisco.
Ordire, ordisco.
Sbigottire, sbigottisco.
Stordire, stordisco.
Vbidire, vbidisco.

Les suiuans sont differens.

Apparire, apparoistre.
Apparisco, appari, appare.
Parf. *Appary, & appa si.*
Partic. *Apparso.*
Comparire, comparisco, comparisci, com-
    parisce, comparimo, comparite, compa-
    riscono.
Appetere appeter, qui est de la
        troisiesme.
Pref. *Appetisco, sci, sce,* &c.
Parf. *Appety.*
Fut. *Appeterò.*

Offerire, offrir.

Offero, & offerisco.
Parf. Offerij, & offersi.
Partic. Offerto.
Proferire, & sofferire, de mesme.

Vscire, sortir.

Esco, esci, esce.
Vsciamo, vscite, escono.
Parf. Vscij. Partic. Vscito.

DE L'ADVERBE.

LEs Aduerbes se mettent d'ordinaire apres le Verbe, horsmis les interrogatifs.

Aduerbes du temps.

Quando che fosse, au cas qu'il fut.
Quando, quand.

Quanto, { combien.

combien de temps.

Celuy-cy se construit sans aucune preposition comme, *quanto tempo.*

Hieri, hier.

Hieri l'altro, } auant-hier.
L'altr' hieri, }

Hoggi, auiourd'huy.

Hoggidi, pour le iourd'huy.

Domani, demain.

Posdimani, } apres demain.
Doman l'altro, }

Hiersera, hier au soir.

Stamane, } ce matin.
Stamattina, }

Stasera, ce soir.

Sta notte, cette nuit.

In capo alla settimana, au bout de la semaine.

In capo all'anno, au bout de l'an.

Hora, maintenant.

Hor, hora, tout presentement.

Per l'auuenire, } pour l'aduenir,
Da qui innanzi, } d'ores en auant.

Per l' addietro } par le passé.
Per lo passato }

Prima, auparauant, celuy-cy se construit auec *di prima, di andare.*

Poi, puis apres.

Mentre, tandis, pendant que, cependant.

Fra tantto,
in questo mentre, } en attendant, cependant,
in tanto.

Già, des-ja.

Dopo, } aprés.
Dipoi, }

Et notez qu'on ne commence pas le discours par *dipoi,* mais par *dopo.*

Poi che, aprés que.

Trà via, le long du chemin, par le chemin.

Tardi, tard.

Per tempo, de bonne heure.

testè, } n'a gueres.
poco fà, }

Vn anno fà, il y a vn an.

Quindici di sono, il y a quinze iours.

Tuttauia, tousiours, encore.

Tosto,
Presto, } viste.

Fin tanto che,
Fin à tanto che, } iusques à tant que.

Sino,
Insino, } iusques.

Ogn' hora,
Ad hor ad hora, } à chaque moment.

In questo, là dessus, pendant cela.

Aduerbes du lieu

Appresso à la chiesa, prés de l'Eglise.

Onde,
Oue,
Done,
v', } où

Qui,
Qua, } icy.

Di qua, deça.

Quini,
Là,
Colà, } en ce lieu là.

Indi
Quindi, } de là.

Quinci, d'icy.

Costi, icy, & notez qu'aux lettres où ledit Aduerbe est escrit, signifie le lieu où la lettre est adressée, & pour exprimer le lieu où la lettre est escrite, il faut mettre *qui.*

Costà, de deça.

Dietro di me, derriere moy.

Dietro à quello, deriere celuy-là.

Dentro à qualche cosa, dans quelque chose.

Più, plus, & plusieurs; il se construit auec l'article destiny & indestiny, par exemple.

Più di trent'anni, & più del mio.

Il se construit aussi auec *che*, par exemple.

Più che non ha Rè Carlo & Rè agramante.

Poco, peu, cecy se decline, & se construit sans preposition, *troppo*, trop,

Aduerbes de nier.

Non, ne & non, qui se construit deuant le Verbe, *non hò paura*, ie n'ay
point de peur.
Nò, non, qui se met à la fin par res-
ponce, *signer nò, credo di nò*.
Nè, ny, *ne l'vno nè l'altro*, ny l'vn ny
l'autre.
Nè? interrogatif, pour dire n'est il pas
vray?
Già, qui signifie pas, deuant ou apres
vn negatif.

Aduerbes d'affirmer.

Certo, certes, certainement.
A' punto, iustement, à point nommé.
Cecy sert quelquefois pour negatif,
comme : *foste heri alla comedia?* l'on
vous respondra, *appunto*, voulant dire
que non.
Gnaffe, en bonne foy.
Si, ouy, *dico di si*, ie dis que ouy.

Sicuro, asseurément.
Senz' altro, sans faillir, asseurement.

De comparer.

Più, plus, *più di mè*.
Meno, & *manco*, moins, il se construit
   de mesmes.
Via più, } beaucoup plus.
Vie più, }
Del pari, au pair.
Cotanto, }
Tanto, } autant.
Altrettanto, }
Meglio, mieux, & plus.
Peggio, } pis & pire.
Peggiore, }

D'exceder.
Pur assai, tres-bien.
Di gran lunga, de beaucoup.
D'excepter.
In fuori, }
In poi, } excepté, hormis.
Fuor che, }

Par exemple: *da me infuori*, hormis
moy, *fuor che questo*, excepté celuy-
cy.

Come, comme, il a pour correlatif,
si, par exemple, *si per l'vno come per
l'altro*, tant pour l'vn que pour l'autre.

Si anche, } comme aussi.
Si anco, }

Qual, comparatif, tout ainsi que.

Il y en a plusieurs autres que l'on
aprend par vsage.

Douunque, en quelque lieu que ce
soit.

Dentro, dedans.

Fuori, dehors.

Fuor di tempo, hors de saison.

Altroue, ailleurs.

Verso di me, enuers moy.

Vi, } y.
Ci, }

In mezzo à la strada, au milieu de la
ruë.

Vicino à casa, prés du logis.

Aduerbes de qualité.

Bene, bien.
Male, mal.
  Et en comparatif.
Meglio, mieux.
    Et en superlatif.
Beniſſimo, tres-bien.
  Et ainſi.
Male, peggio, maliſſimo.
Mal , pire, tres-mal.

Aduerbe de quantité.

Aſſai, beaucoup , lors qu'il ſe trouue
  deuant le ſubſtantif, mais deuant
  l'adiectif ſignifie aſſez , & en ſuper-
  latif, *aſſaiſſimo.*
Molto , beaucoup , qui ſe decline deuant vn ſubſtantif, *molta gente*, beaucoup des perſonnes, &c.

DE LA CONIONCTION.

ANche, mefme.
Ancora, anche, auffi.
Etiandio, idem.
Et, copulatiue, qui s'efcrit auffi *ed.* &
deuant la voyelle fe prononce, &
non pas deuant la confonne.
Se, fi.
Se bene, bien que, qui regit l'indicatif.
Se bene ho voglia, bien que i'ay en-
uie.
Se non, finon.
Ouero, ou bien.
Da che, poi che, pofcia che, puifque.
*Concio fia che, concio fia cofa che, atteſo
che,* veu que, attendu que.
Porciò, pource, partant.
Porcio che, parce que.
Però, mais, partant, pourtant.
Però che, imperoche, d'autant que.

Cioè, c'est à dire.

Altresi, aussi.

Oltre, outre : *oltre di questo,* & *oltre à questo.*

Pur che, pourueu que.

Quando, pourueu que, au cas que.

Pur troppo, que trop.

Dato che, posé le cas que.

Mà, mais.

Si bien, ouy bien.

Che, particule conionctiue se rapporte entierement à *que* François.

Le principal vsage des conionctions est dans la coniugaison du verbe *hauere,* comme *quando sia che,* quand sera ce que, *non so se habbia,* ie ne sçay s'il a.

DE LA PREPOSITION.

LEs prepositions inseparables sont faciles. Il y a à remarquer que l'*ʃ*, eſt priuatiue, comme a eſté dit.

Di ſert à l'ablatif, *vengo di caſa, di villa,* &c. ie viens de la maiſon.

Et à la cauſe materielle, *fatto di velluto.* fait de velour.

Del, ſert auſſi à l'ablatif: *torno del giardino.*

A, & *ad,* ſignifient mouuement au lieu. *Vado à Roma.*

La conſtruction des prepoſitions.

Accanto, à coſté, aupres: *accanto al,* à coſté de.

Addoſſo, deſſus, ſur ſoy: *addoſſo al,* ſur le.

Affronte, à ſpecchio, vis à vis: *affronte al,* vis à vis du.

Appiè, deſſous, au pied: *Appiè del,* au deſſous de.

Appetto, déuant, au regard: *appetto, à.*

Appreſſo, prés, auprés, chez, aprés: *appreſſo à,* & *al foco,* auprés du feu.

Allato, à cofté, tout ioignant : *al-lato*, à.

L'vno appreffo, all' altro, l'vn aprés l'autre.

Anzi, deuant, auparauant : *anzi à.*

All'incontro, à l'oppofite : *all'in-contro à.*

Circa, enuiron: *circa di*, & *à.*

Con, auec; *con il.*

Con effo, auec, enfemble.

Contro, & *contra*, contre; *contro del*, & *al*, *contra di.*

Di là, outre, de là, *di là di.*

Dentro, dedans; *dentro di*, & *à.*

D'intorno, autour: *intorno al.*

Dauanti, deuant, auant: *dauanti à.*

Dietro, derriere, apres.

Di quà, de deça: *di quà di* ou *del.*

Dinanzi, deuant; *dinanzi di*, & *à.*

Dirimpetto, vis à vis, *dirimpetto à.*

Dopò, & *doppo*, depuis, apres.

Eccetto, excepté.

Entro, dedans, *entro à* ou *di.*

Fino, & *fino*, iufques: *fino à.*

G   vj

Fuor, fuora, fuori, fuore, dehors : *fuor di,
   fuor del.*
Frà, entre, & parmy.
Giù, bas, embas : *giù di.*
In, en, au, dans.
Inuerſo, enuers : *inuerſo il,* & *la.*
Infino, inſino, iuſques.
Infuori, horſmis.
Incontro, à l'encontre : *incontro del,* al,
   & *à.*
Inanzi, deuant, auparauant : *inanzi
   del,* & *al.*
Infra, entre : *intra,* id.
Lunge, le long : *lungo il,* le long du.
Lungo, loing.
Oltre, outre : *oltra di,* & *oltre à,* & *al.*
Per, par, & pour. Cette cy miſe auec
   andare, mandare, & *venire,* a vne for-
   ce de *querir; andar per vino,* aller qué-
   rir du vin. Item, *ſon per dire,* i'oſe
   bien dire.
Raſente, res à rez.
Rimpetto, vis à vis : *rimpetto à.*
Senza, ſans.

Secondo, selon.

Sino, sin, iusques: *sino à.*

Sopra, sur : *sopra il.*

Sotto, souz : *sotto il.*

Sù, sur, deſſus, en haut.

Trà, entre, & parmy.

Verso, vers: *ver,* id.

Vicino, proche : *vicino à.*

AVTRES REMARQVES.

A pour *in, à Roma* , à Rome , dans Rome.

A pour *de* , *molti ſi nutriſcono à carne di vitella* , pluſieurs ſe nourriſſent de chair, &c.

A pour *per; à cena,* pour ſouper.

A pour *de, ben fornito à panni lini,* bien fourny de linge.

A noi. i en noſtre païs, *ou* ça-donc.

A regiſſant l'accuſatif ſe ſepare de ſon article; *à l'orto, à la porta.*

A doit touſiours accompagner les verbes de mouuement ; *andar à viſitar vno,* aller viſiter vne perſonne; *venir à far riuerenza,* venir faire la reue-rence, &c.

Da, vaut autant que noſtre *par; fatto da me,* fait par moy.

Pour la prepoſition *de,* en François, ou *ex* Latin, *l'hò hauuto da lui,* ie l'ay eu de luy: *vengo dalla Chieſa,* ie viens de l'Egliſe.

Pour *a, da vendere,* à vendre : *da fare,* à faire: *da dire,* à dire.

Pour *en,* ou *comme : hà fatto da galant'huomo,* il a fait en galand homme, ou comme vn galand hom-me.

Item, *vna fanciulla da marito,* vne fille à marier.

Da picciolo, dés ſon ieune âge, eſtant encore petit enfant.

Boccon da Prencipe, vn morceau pour vn Prince.

Da poco, d'aſſai; homme laſche, ou homme qui peut beaucoup.

Da vno fin à cento, depuis vn iuſques à cent.

Da noi, en nos quartiers, en noſtre païs, chez nous.

Da ſera, da mattina, le ſoir, le matin.

Da Bergamo, de la ville de Bergame.

Andar dal Medico, aller au Medecin, ou vers le Medecin, ou chez.

Da che, puiſque: & auſſi-toſt que.

Rimedio da liberarſi, &c. vn remede pour ſe deliurer, &c.

DE L'INTERIECTION.

Interiections de ioye.

O*H*, ho: *horsù*, or ſus : *viua*, viue.

De douleur.

Ahimè, oimè, helas!

Hoi, he, helas!

Ah, ha.

Oh, ho.

Laſſo, ⎫
Ahilaſſo, ⎬ helas!

De peur, & d'eſtonnement.

O Dio, ô Dieu!
Oh oh , ho.
Che domine, nous diſons, quel diable?
Cape, capita & caperi, vertuchou, qui
ſe mettent au lieu de *cazzo,* parole
deshoneſte.
Ah ! he.
Ben be, he bien.

De menace.

Si ah, ouy dea.

D'horreur.

Ohibò, fy, ho que ie n'ay garde. *Puh,* fy,
fy.

De ſupplication.
Deh, pour Dieu, ie t'en prie.

Eh, he.

De silence.

Zitto, st.
Cheto, paix.

Et plusieurs autres que l'on ap-
prend par vsage.

DE L'ACCENT
en general.

A langue Italienne por-
te vne grande cadence, &
comme traifnée ; le fecret
pour bien donner l'air à
la prononciation, eft de
tenir les fyllabes fort longues, don-
nant fort peu de voix à la derniere fyl-
labe.

Mais s'il y a vn accent marqué
fur la fin du mot, il faut faire toutes
les premieres fyllabes fort breues, &
pouffer l'accent en releuant la voix
fur la derniere : v. g *cupidità, curiofità,*
&c. Et notez encore, pour confirma-
tion de ce que i'ay touché legerement
aux obferuations des pronoms per-

fonnels, que fi vous attachez vne particule monofyllabe à vn temps de verbe qui ait l'accent graue à la fin, il faudra toufiours doubler la premiere lettre de ladite particule : v.g. *farollo, puoßi, holla, trattoßi,* & vne infinité d'autres.

Les diminutifs font longs fur la penultiefme: *manina, bellino,* &c.

Les fuperlatifs, longs fur l'antepenultiefme, *bonißimo, grandißimo.*

Les fyllabes, *an, en, in, on,* & *vn,* font ordinairement longues, *andánte, reggénte, iftinto, aggiónta, appúnto.*

Les pluriers fuiuent auffi l'accent de leurs finguliers: v.g *augúri* d'*augurio, aúguri* d'*augure,* &c.

L'vfage fera beaucoup pour ce qui eft des prononciations longues ou breues.

F I N.